Zu diesem Buch

Vergebliche Liebe, hoffnungslose Leidenschaft: Jede und jeder, die oder der sich schon einmal todunglücklich, nämlich
einseitig verliebt hat, weiß, wie verletzend und schmerzhaft
diese Erfahrung sein kann. Und daß es fast unmöglich ist, ein
«normales» Leben zu führen, wenn man diese Person nicht
aus dem Kopf bekommt . . .

Liz Hodgkinson ist mit dieser Lebenslage leidvoll vertraut,
hat es jedoch geschafft, einen Ausweg aus der emotionalen
Sackgasse zu finden. Ihre eigenen Erfahrungen hat sie in diesem Buch festgehalten, das psychologische Anregungen ent-
hält, der lähmenden und quälenden Verfassung zu entkom-
men, in die vergeblich Liebende geraten.

Die Autorin

Liz Hodgkinson ist eine bekannte Medizin-Journalistin und
Autorin von verschiedenen Büchern, wie zum Beispiel *The
Alexander Technique*.

Liz Hodgkinson

Unglücklich verliebt – und was man dagegen tun kann

Deutsch von Petra Post
und Andrea von Struve

Rowohlt

Die Originalausgabe erschien 1991 unter dem Titel
«Obsessive Love. How to free your emotions and live again»
bei Judy Piatkus Publishers, Ltd., London

Deutsche Erstausgabe
Veröffentlicht im Rowohlt Taschenbuch Verlag GmbH,
Reinbek bei Hamburg, August 1993
Copyright © 1993 by Rowohlt Taschenbuch Verlag GmbH,
Reinbek bei Hamburg
«Obsessive Love. How to free your emotions and live again»
Copyright © 1991 by Liz Hodgkinson
Published by Arrangement with Judy Piatkus Publishers, Ltd., London
Redaktion Manuela Heise
Umschlaggestaltung Barbara Hanke und Nina Rothfos
(Illustration Barbara Hanke)
Satz Aldus und Frutiger (Linotronic 500)
Gesamtherstellung Clausen & Bosse, Leck
Printed in Germany
1290-ISBN 3 499 19352 3

Für Veronica

Inhalt

Hoffnungslose Leidenschaft

Dieses Buch richtet sich an all jene, die von einer überwältigenden, aber hoffnungslosen Leidenschaft beherrscht werden. Es wendet sich an jene, die sich in Liebe zu jemandem verzehrten und deren Gefühle nicht erwidert wurden, an diejenigen, die schmerzvoll enttäuschte Liebe erfahren mußten. Es ist ein Buch für jene, die irgendwann einmal unsterblich verliebt waren und denen die betreffende Person nicht aus dem Kopf geht, die noch Jahre, vielleicht sogar Jahrzehnte danach Groll, Bitterkeit und Haß empfinden.

Es richtet sich auch an die «Opfer» – all jene, die gegen ihren Willen zum Objekt einer leidenschaftlichen Liebe wurden, die mit Gefühlen konfrontiert wurden, die sie nicht nachvollziehen und mit denen sie nicht umgehen konnten oder deren Intensität sie zutiefst verstörte. Ich hoffe, daß dieses Buch auch für jene aufschlußreich ist, die gerne mehr über dieses rätselhafte, übermächtige, alles beherrschende und häufig selbstzerstörerische Gefühl, das wir als zwanghafte Liebe bezeichnen, erfahren möchten.

Seit Beginn der Geschichtsschreibung gilt zwanghafte Liebe als große Leidenschaft und diente immer wieder als Stoff und dramatisches Grundelement für unzählige literarische Werke. Wie viele von uns haben mitgelitten, wenn die großen Liebhaber der Weltliteratur, oder auch der Realität, erleben mußten, daß sich ihre Hoffnungen zerschlugen und ihre Sehnsüchte unerfüllt blieben, weil die Geliebte auf ihr Werben nicht reagierte oder ihre Liebesbeteuerungen auf eine Wand der Gleichgültigkeit stießen. Wir haben mit ihnen geweint, als ihre Liebe verschmäht wurde, sie immer wieder abgewiesen, ausgelacht oder mißverstanden wurden. Shakespeares Othello wurde Opfer seiner übersteigerten Leidenschaft. Seine über alles geliebte Desdemona begriff nicht, was er durchlitt – und mußte wegen ihrer Ahnungslosigkeit sterben. Aus späteren Werken der Weltliteratur kennen wir die tragische Liebe von Flauberts Emma Bovary und Tolstois Anna Karenina. Die Schriftstellerin Charlotte Brontë verliebte sich unsterblich in ihren belgischen Lehrer, Professor Heger – eine leidvolle Erfahrung, die sie in ihren Romanen *Der Professor* und *Villette* verarbeitete.

Viele erfolgreiche Kinofilme haben zwanghafte Liebe zum Thema. *Sadistico* aus dem Jahre 1971, mit dem jungen Clint Eastwood in der Hauptrolle, handelt von der übersteigerten Liebe eines jungen Mädchens zu dem Diskjockey einer Rundfunkstation. Der 1986 gedrehte Kassenerfolg *Eine verhängnisvolle Affäre* konfrontiert uns mit einer schockierenden Spielart desselben Themas. Und auch der größte Kinoerfolg aller Zeiten *Vom Winde verweht* bezieht seine ganze Spannung aus dem Phänomen der zwanghaften Liebe – obwohl er vor dem Hintergrund des amerikanischen Bürgerkrieges spielt. Im Film und im gleichnamigen Roman läßt sich deutlich erkennen, daß Scarlett O'Hara ihre schier unerschöpflichen Energien aus ihrer einseitigen Liebe zu Ashley Wilkes bezieht und daß sich hinter ihren Tricks und Kniffen und Intrigen immer wieder dasselbe Motiv verbirgt: ihn für sich gewinnen zu wollen. Alles, was sie tut, tut sie seinetwegen; er jedoch reagiert verwirrt und verblüfft – und erwidert ihre leidenschaftlichen Gefühle nicht.

Immer wieder wird in den Zeitungen von Menschen berichtet, die von ihren übersteigerten, leidenschaftlichen Gefühlen zu verzweifelten Handlungen getrieben wurden. Ruth Ellis, die letzte Frau, die man in Großbritannien hängte, war ein Opfer ihrer zwanghaften, unerwiderten Liebe zu David Blakely. Wenn wir solche Geschichten lesen, denken wir vielleicht, daß wir ein viel zu geordnetes, gewöhnliches Leben führen, um eine solch extreme und schmerzvolle Erfahrung zu machen. Aber aller Wahrscheinlichkeit nach haben viele von uns, wenn nicht gar die meisten, zumindest einmal in ihrem Leben eine solch «dramatische» Erfahrung, eine unglückliche Liebe erlebt – eine Erfahrung, die uns verwirrte und bestürzte und die uns vielleicht nie ganz losgelassen hat.

Auch Sie waren oder sind Opfer einer zwanghaften Liebe:

▶ wenn Ihre Gefühle der anderen Person gegenüber zwischen Liebe und Haß extrem hin- und herschwanken;

▶ wenn Sie jemals das Gefühl hatten, Sie könnten in Gegenwart der geliebten Person in Ohnmacht fallen;

▶ wenn Ihnen Ihre Freunde, Ihre Familie und Ihre Arbeit völlig bedeutungslos erscheinen;

▶ wenn Sie die geliebte Person verfolgen, ihr auflauern, sie mit Briefen oder Telefonanrufen belästigen;

▶ wenn Sie den Eindruck haben, daß das Objekt Ihrer Liebe gleichgültig auf Sie reagiert, Sie haßt oder Ihnen aus dem Weg geht;

▶ wenn Sie in Gegenwart der geliebten Person keinen Ton herausbringen;

▶ wenn Sie diesen Menschen ganz für sich allein haben möchten, ihn vielleicht sogar am liebsten einsperren würden;

▶ wenn Sie sich isoliert fühlen und glauben, daß niemand Sie versteht und daß niemand je so gelitten hat wie Sie;

▶ wenn Sie das Gefühl haben, allmählich Ihre Persönlichkeit zu verlieren;

▶ wenn Sie gesundheitliche Probleme haben;

▶ wenn Sie ständig vom Gedanken an die geliebte Person beherrscht werden;

▶ wenn Sie das Gefühl haben, daß sich die geliebte Person nicht mit anderen, gewöhnlichen Menschen vergleichen läßt, sondern etwas ganz Besonderes ist;

▶ wenn Sie glauben, daß das Objekt Ihrer Leidenschaft die Macht hat, Sie wunschlos glücklich zu machen oder in tiefste Verzweiflung zu stürzen;

▶ wenn Sie sich Hals über Kopf in jemanden verliebt haben, den Sie gar nicht näher kennen, der für Sie völlig unerreichbar ist oder mit dem Sie noch nie ein Wort gewechselt haben.

Selbst ein scheinbar so alltägliches, harmloses und weit verbreitetes Phänomen wie die Schwärmerei für einen älteren Schüler, eine Lehrerin oder der glühende Wunsch, einen Rockstar aus nächster

Nähe zu erleben, ihm oder ihr nah zu sein, können eine abgeschwächte Form von zwanghafter Liebe darstellen.

Wenn Ihre eigene «dramatische» Erfahrung schon weit zurückliegt, dann glauben Sie vielleicht, sie längst überwunden, ja beinah vergessen zu haben. Möglicherweise halten Sie diese frühe und unglückliche Liebe nur für ein Übergangsstadium auf dem Weg zu einer reiferen und ausgewogeneren Liebesbeziehung – eine Art Probelauf oder eine Episode, die Ihnen mittlerweile peinlich ist und an die Sie lieber nicht mehr erinnert werden möchten.

Wenn Sie gerade unglücklich verliebt sind, dann sagen Sie sich vielleicht, daß Sie darüber hinwegkommen und eines Tages sogar darüber lachen werden, oder man versichert Ihnen, daß so etwas schließlich jedem passieren kann und Sie sich deshalb keine Sorgen machen müssen. Ihre Freunde oder Eltern trösten Sie mit dem Hinweis, daß Sie eines Tages schon den Richtigen oder die Richtige finden werden, jemanden, der Ihre Gefühle erwidert und der Ihrer Liebe würdig ist. Aber Sie glauben ihnen nicht.

Wenn wir uns in eine Liebe verrennen, dann neigen wir dazu, unsere Gefühle zu bagatellisieren oder gar zu leugnen. Wir schämen uns. Wir hassen uns, weil wir derart die Kontrolle über uns verloren haben. Wir begreifen nicht, was mit uns geschieht, und wir versuchen, es vor anderen zu verbergen. Möglicherweise behaupten wir sogar, daß wir die betreffende Person gar nicht lieben, daß sie uns völlig gleichgültig ist. Wir sind versucht, unsere Gefühle zu verdrängen, wegzuschieben, unser Leben fortzusetzen wie bisher und darauf zu warten, daß die Normalität sich wieder ganz von selbst einstellt.

Die psychischen Auswirkungen

Mittlerweile jedoch sind Psychologen zu der Erkenntnis gelangt, daß Menschen, die von solchen extremen Gefühlen überwältigt werden, höchstwahrscheinlich ein schweres psychisches Trauma durchleben, das sich auf ihr ganzes weiteres Leben schädlich auswirken kann. Dieses Trauma kann nur bewältigt werden, wenn die Betroffenen es erkennen, akzeptieren und sich bewußt mit ihm auseinandersetzen. Dabei spielt es keine Rolle, wie lange das Erlebnis zurückliegt oder wie tief wir es in unser Unterbewußtsein gedrängt haben; je schwerer es uns einst erschütterte, desto länger können die Nachwirkungen andauern.

Die Erfahrung einer zwanghaften Liebe läßt sich vielleicht mit einem Autounfall vergleichen, der eine Delle zur Folge hat. Der Wagen fährt noch einwandfrei, und nach einer Weile haben wir uns so an die Delle gewöhnt, daß sie uns gar nicht mehr auffällt. Aber solange wir das Auto nicht in die Werkstatt bringen und den Schaden beheben lassen, wird sie bleiben, wo sie ist. Wenn wir einer zwanghaften Liebe zum Opfer fallen, dann hat sich unsere Psyche eine «Delle» zugezogen, die wir solange mit uns herumtragen werden, solange wir sie ignorieren und zu vergessen versuchen.

Darüber hinaus kann das traumatische Erlebnis seinen Schatten auf alle weiteren Beziehungen in unserem Leben werfen und unsere Liebesfähigkeit erheblich einschränken. Viele Betroffene reagieren auf das Trauma, indem sie Bereiche ihres Gefühlslebens auf Eis legen, so daß sie emotional blockiert sind und innerlich abstumpfen. Es wird uns möglicherweise äußerst schwerfallen, auf andere zuzugehen, Nähe herzustellen, uns in andere einzufühlen oder gar eine Liebesbeziehung einzugehen.

Es ist, als hätten wir beschlossen, uns nie mehr von solchen Gefühlen überwältigen, uns nie mehr so verletzen und demütigen zu lassen. Diese Haltung mag eine Zeitlang als Überlebensstrategie nützlich sein, sie kann jedoch dazu führen, daß wir auf andere kalt und unnahbar wirken. Tief in unserm Innern wissen wir vielleicht, daß uns irgend etwas davon abhält, uns wirklich einzulassen und zu öffnen, aufrichtig zu lieben und mitzufühlen. Wir haben verlernt, etwas zu fühlen. Und das ist der tragischste Aspekt zwanghafter Liebe: Sie beeinträchtigt unsere Fähigkeit, zu fühlen.

Alle Versuche, die Person, nach der wir uns einst so verzehrten, zu vergessen, schlagen unweigerlich fehl. Im Gegenteil, je mehr wir versuchen, uns den Betroffenen aus dem Kopf zu schlagen, desto hartnäckiger scheint er oder sie uns in unseren Gedanken und Träumen zu verfolgen. Deshalb gibt es wohl so viele Menschen, die eine ungestillte heimliche Sehnsucht nach dem Menschen, der einst ihre Leidenschaft entfachte, mit ins Grab nehmen – oder die noch auf dem Sterbebett den Namen eines Menschen, den sie vielleicht vor fünfzig Jahren liebten, auf den Lippen haben. Es ist auch möglich, daß ein anderes traumatisches Erlebnis in unserem Leben lebhafte Erinnerungen an den einen besonderen Menschen in uns wachruft.

Vor nicht allzu langer Zeit glaubte ich, wie viele andere auch, daß sich nur besonders gefühlsbetonte und möglicherweise auch labile Menschen in eine einseitige Liebe hineinsteigern könnten, Menschen, die ein intensiveres, aber auch unruhigeres Leben führen als die meisten von uns. Ich war überzeugt davon, daß so etwas niemals einem rationalen, ausgeglichenen und seelisch gesunden Menschen passieren könnte. Ich glaubte sogar eine Zeitlang, daß nur Menschen, die innerlich zumindest ein wenig aus dem Gleichgewicht geraten sind, einer zwanghaften Liebe zum Opfer fallen könnten. Mittlerweile bin ich überzeugt davon, daß diese Art von «Liebe» jeden von uns aus der Bahn werfen kann, uns zutiefst verwirren, verstören und zu einem Verhalten treiben kann, das gänzlich untypisch für uns ist – zumindest für einen gewissen Zeitraum.

Ich glaube, daß sich jeder von uns in eine Liebe verrennen kann. Niemand ist hundertprozentig dagegen gefeit. Es hat sich gezeigt, daß die meisten Betroffenen nur einmal im Leben einer zwanghaften Liebe verfallen. Glücklicherweise müssen wir diese leidvolle Erfahrung nicht immer aufs neue durchleben. Niemand, der sie einmal gemacht hat, möchte sie je wiederholen. Obgleich man zwanghafte Liebe gerne mit Erwachsenwerden und Pubertät in Verbindung bringt, befällt sie keineswegs nur junge Menschen. Sie kann uns in jedem Alter ereilen. In den meisten Fällen trifft es uns völlig unerwartet – wie ein Blitz aus heiterem Himmel. Nachdem ich kürzlich meine eigene zwanghafte, einseitige und schmerzliche Liebe, deren schädliche Auswirkungen ich fünfundzwanzig Jahre meines Lebens zu spüren bekam, erkannt, neu durchlebt und verarbeitet habe, frage ich mich nun, ob nicht jeder von uns irgendwann einmal eine ganz ähnliche Erfahrung gemacht hat – auch wenn sie, scheinbar, nur von kurzer Dauer war.

Heimliche Sehnsüchte

Bis zu dem Zeitpunkt, an dem ich mit Freunden und Bekannten über meine eigene unglückliche Liebesgeschichte sprach, schien mir im «richtigen Leben» nie jemand zu begegnen, der unter einer zwanghaften Liebe litt oder je gelitten hatte. Jetzt weiß ich, daß man in einer alltäglichen Unterhaltung über diese Art von Liebe nur selten spricht. Wie Shakespeares Lady, die trotz ihres Kummers lächelte, verbirgt man sich hinter einer Maske des Unbeteiligtseins. Aber sobald ich einen Anfang machte, war das Eis gebrochen und die Geschichten sprudelten nur so aus ihnen heraus.

So viele abgeklärt wirkende und nach außen hin glücklich verheiratete Männer und Frauen, Säulen der Gesellschaft, die es zu sozialem Ansehen, zu Wohlstand und beruflichem Erfolg gebracht haben, erzählten mir, daß es da jemanden gibt, den sie einfach nicht vergessen können, jemanden, nach dem sie sich insgeheim immer noch sehnen. In einigen Fällen war es zu einer wie auch immer gearteten Affäre, Beziehung oder Begegnung mit dieser anderen Person gekommen. Manchmal entwickelte sich aus der Distanz eine Leidenschaft, ohne daß der unglücklich Verliebte je ein Wort mit dem Objekt seiner Liebe gewechselt hatte. In manchen Fällen war es sogar zu einer Ehe oder langjährigen Partnerschaft gekommen. Aber alle Beziehungen scheiterten schließlich. Liebe kehrte sich in Haß um; die Obsession verwandelte sich in Depression, Feindseligkeit oder jahrelangen Groll. Doch ganz gleich, wie unbefriedigend die Beziehung auch war, andere, spätere Partnerschaften erschienen dagegen schal und unbedeutend.

Ich lernte einmal eine Frau kennen, die zwei Eheringe trug, einen an der linken, den anderen an der rechten Hand. Sie erklärte: «Ich nehme diesen Ring nie vom Finger. Ich würde mir lieber die Hand abhacken lassen, als ihn abzuziehen.» Sie hatte ihn von ihrem ersten Mann bekommen, einem attraktiven Frauenhelden, den sie im Alter von siebzehn geheiratet und der sie bald darauf mit ihrem kleinen Kind im Stich gelassen hatte. Fast dreißig Jahre lang hatte sie ihn nicht mehr gesehen – sagte aber, es verginge jedoch kein Tag, an dem sie nicht an ihn dachte und sich nach ihm sehnte. Ihr jetziger Ehemann, ein netter, zuverlässiger, ausgeglichener und liebevoller Mann, hätte in ihr nie ähnlich leidenschaftliche Gefühle wecken können – obgleich sie ihn für einen viel besseren Partner hielt. Allen Versuchen zum Trotz gelang es ihr nicht, die Gedanken an diese erste, unerfüllte Liebe abzuschütteln.

Auf einer Party traf ich einmal eine Kollegin mit ihrem neuen Ehemann. Sie wirkten recht glücklich miteinander und schienen gut zusammenzupassen. Sie lehren beide am selben College, im selben Fachbereich. Aber als wir ins Gespräch kamen, vertraute mir Mandy an, daß sie ihren vorherigen Freund einfach nicht vergessen könnte. Ich kannte ihn flüchtig. «Fandst du ihn nicht auch wahnsinnig attraktiv?» wollte sie begierig von mir wissen. Die Situation entsprach ganz dem klassischen Muster: Sie war völlig vernarrt in ihn, während er distanziert blieb. (Es gehört ebenfalls zum gängigen Schema, daß sich der oder die Verliebte wünscht, daß alle Welt das Objekt ihrer Leidenschaft unwiderstehlich findet.)

Ich persönlich hielt ihn zwar nicht für besonders attraktiv, fand aber doch, daß er eine gewisse Ausstrahlung besaß. Das ist meistens der Fall und macht die Situation nicht gerade leichter. Die Menschen, denen wir so hoffnungslos verfallen, sind sehr oft tatsächlich außergewöhnlich anziehende und interessante Persönlichkeiten, die über das «gewisse Etwas» verfügen.

Mark ist ein sehr erfolgreicher Unternehmensberater in mittleren Jahren und wirkt nach außen hin glücklich verheiratet. Er gestand mir allerdings, seit drei Jahren unsterblich in seine Nachbarin verliebt zu sein, in eine Frau, die er kaum kennt. Er fährt regelmäßig an ihrem Haus vorbei, in der Hoffnung einen Blick auf sie zu werfen, folgt ihr heimlich in den Supermarkt oder an andere Orte in der Stadt. Er sieht keinen anderen Ausweg, als ihr eines Tages seine Liebe zu gestehen – selbst wenn er dabei seine Ehe und möglicherweise auch seine Karriere aufs Spiel setzt – von der hohen Wahrscheinlichkeit einer Zurückweisung einmal ganz abgesehen.

Zwanghafte Liebe ist ein sehr quälendes, alles beherrschendes, unkontrollierbares Gefühl. Aber was verstehen wir eigentlich genau darunter? Wie entsteht es überhaupt und warum fallen ihm so viele von uns zum Opfer? Diesen Fragen möchte ich in diesem Buch nachgehen. Darüber hinaus werde ich erläutern, warum die Wunde, die eine zwanghafte Liebe hinterläßt, geheilt werden muß, wenn wir uns und unser Leben von den schädlichen Auswirkungen dieser leidvollen Erfahrung befreien wollen, und ich werde Ihnen aufzeigen, daß und wie sie geheilt werden kann.

Wie alle Therapeuten und Berater, die in diesem Bereich arbeiten, bin auch ich der Meinung, daß zwanghafte Liebe nicht einfach nur eine intensivere und unangenehmere Spielart des Verliebtseins ist, sondern daß sie neurotische Züge trägt. Wenn wir unser weiteres Leben bewußt leben und unsere Möglichkeiten voll ausschöpfen wollen, dann müssen wir uns mit diesem Gefühl auseinandersetzen. Ich glaube, daß es mit echter Liebe nicht das geringste gemein hat, daß es in vieler Hinsicht sogar das genaue Gegenteil ist. Ich habe den Eindruck, daß uns Dichter und Dramatiker zu der irrigen Annahme verleitet haben, daß zwanghafte Liebe eine große Leidenschaft sei, ein Gefühl, das auf seine Weise sogar ehrenhaft ist. Sie haben in ihren Werken immer wieder diese übersteigerte Form der Liebe zum Thema gemacht, wahrscheinlich weil es das dramatischste Ereignis ist, das einem Menschen widerfahren kann. Nichts vermag uns derart zu überwältigen und von uns Besitz zu ergreifen. Nichts verändert so radikal unser Leben, nichts treibt uns zu solch beschämendem Verhalten, nichts raubt uns derart unsere Selbstkontrolle.

Auch wenn die großen Schriftsteller das Phänomen sehr genau und treffend beschrieben haben, so haben sie es dennoch nicht verstanden. Und natürlich konnten sie den betroffenen Lesern keinerlei Rat geben. Auch die Psychologen hatten ihre Schwierigkeiten, das Problem in den Griff zu bekommen, und es gibt immer noch zu wenig Fachliteratur zu diesem Thema.

Das Phänomen der zwanghaften Liebe scheint offenbar eine Sonderstellung einzunehmen. Es läßt sich nicht so eindeutig zuordnen und erklären wie beispielsweise das Problem von «Fauen, die zu sehr lieben». Mit jeder neuen Studie kristallisierte sich deutlicher heraus, daß «zu sehr liebende» Frauen dazu neigen, dysfunktionale Beziehungen zu Männern einzugehen, die suchtkrank oder gewalttätig sind und darüber hinaus aus gestörten Familienverhältnissen stammen. Diese Frauen (und natürlich auch Männer) begeben sich in eine seelische Abhängigkeit zu Menschen, die sie retten oder erlösen wollen. Was das Phänomen der zwanghaften Liebe angeht, so scheint es keine ähnlich gelagerten Motive oder Muster zu geben. Sie überfällt uns aus heiterem Himmel und ergreift so vollkommen von uns – unserem Geist, unserer Seele – Besitz, daß wir die Kontrolle über unser Verhalten verlieren. Die Rätselhaftigkeit zwanghafter Liebe ist sicherlich einer der Hauptgründe, weshalb sie so viele Romanciers, Dramatiker und Lyriker beschäftigt hat und noch beschäftigt. Vielleicht gehört sie zu den Phänomenen, die wir niemals ganz erklären können.

Davon ging ich einst aus. Doch mittlerweile bin ich der Meinung, daß wir, aufgrund neuester Erkenntnisse und wissenschaftlicher Untersuchungen über Traumata und ihre psychologischen Auswirkungen, zum ersten Mal in der Lage sind, dieses seltsame Phänomen besser zu verstehen und zu erklären. Darüber hinaus stehen uns neue Therapieformen zur Verfügung, die uns dabei unterstützen können, unsere seelischen Wunden zu heilen und den dunklen, bedrohlichen Schatten zu vertreiben, der im Hintergrund unseres Bewußtseins lauert und unser Leben vergiftet. Für die Opfer zwanghafter Liebe heilt die Zeit leider keine Wunden. Wir können die oft traumatische Erfahrung mit einer fallengelassenen Masche in einer Strickarbeit vergleichen. Wenn wir die Reihen nicht bis zum Fehler wieder aufziehen, wird unsere Strickarbeit nie ordentlich aussehen. Glücklicherweise haben wir heutzutage die Möglichkeit, die Maschenreihen unseres Lebens wieder aufzuziehen, den Fehler zu beheben – und die lähmende Last abzuwerfen.

Indem ich meine eigene leidvolle Geschichte und die anderer Betroffener erzähle und auch die Erfahrungen jener wiedergebe, die das Objekt übersteigerter, leidenschaftlicher Gefühle waren – für manche ebenfalls eine traumatische Erfahrung –, hoffe ich die Problematik zu erhellen und nützliche Strategien aufzuzeigen, mit denen wir unser Trauma auflösen können. Wir suchen nicht nach «zwanghafter» Liebe. Wir treffen nicht aus freiem Willen die Entscheidung, uns verletzen und demütigen zu lassen, oder jemanden zu lieben, der uns nicht wiederliebt. Wir entscheiden uns nicht dazu, abgelehnt und zurückgewiesen zu werden. Aber wir können uns dazu entscheiden, uns aus der Umklammerung einer hoffnungslosen Liebe zu befreien, und lernen, wie man eine Obsession durch ein echtes, dauerhaftes Gefühl der Liebe ersetzt.

TEIL EINS

Unglücklich verliebt – kein Problem?

1 Geheimnisse aus der Vergangenheit

Der faszinierende Unbekannte

Zuerst werde ich meine eigenen Erfahrungen mit zwanghafter Liebe darstellen, zum einen, weil sie mir so vertraut sind, und zum anderen, weil sie ein anschauliches Beispiel dafür bieten, wie dieses Phänomen funktioniert. Darüber hinaus zeigen sie, wie sich diese Obsession noch lange, nachdem die ganze Affäre längst vergessen scheint, in uns weitergärt.

Ich traf John in meinem ersten Semester auf der Universität. Ich kam frisch von der Schule und aus einem äußerst behüteten Elternhaus in East Anglia. Wie die meisten Mädchen in den frühen sechziger Jahren wünschte ich mir nichts sehnlicher, als mich Hals über Kopf in einen Mann zu verlieben, dem ich mein kostbarstes Gut, meine Jungfräulichkeit, schenken wollte. Und doch war ich völlig unvorbereitet auf die Wirkung, die John auf mich ausüben würde. Als ich ihn zum ersten Mal sah, stand er ziemlich weit vorn in einer Schlange in der Mensa. Er hatte es mir sofort angetan, er war nicht nur groß, dunkelhaarig und auf eine romantische, geheimnisvolle Weise anziehend, sondern schien auch noch erheblich älter zu sein als die übrigen Studenten. Er machte einen erfahrenen, selbstbewußten und äußerst faszinierenden Eindruck.

«Wer ist das?» fragte ich Bob, den Jungen, der neben mir stand – einer, der mich seit Wochen bedrängte und den ich liebend gern abgeschüttelt hätte.

«Weißt du das denn nicht?» fragte er überrascht. «Das ist John.» Bob erzählte, daß John, ein Erstsemester wie ich, bereits berühmt oder vielmehr berüchtigt sei. Er hatte sich über die damals strengen

Kleidervorschriften hinweggesetzt und war zum ersten formellen Dinner im Speisesaal mit einer großen, bauschigen lila Seidenfliege erschienen. Ihm eilte außerdem der Ruf eines Draufgängers voraus. Er sei älter als die meisten Erstsemester, fügte Bob hinzu, da er bereits als Lehrer an einer Privatschule im Ausland gearbeitet (was sich ungeheuer spannend anhörte) und ein paar Semester Medizin studiert hätte.

Je mehr mir Bob von ihm erzählte, desto faszinierender fand ich ihn. Ich sah mir diesen bemerkenswerten jungen Mann etwas genauer an. Er hatte pechschwarzes Haar, das ihm in die Stirn fiel, ein scharf geschnittenes Gesicht und einen leicht arroganten, blasierten Gesichtsausdruck. Seine Kleidung unterschied sich deutlich von der der anderen Studenten, die zu jener Zeit hauptsächlich Tweedjacketts, graue Flanellhosen und Nylonhemden trugen. John hingegen trug einen riesigen, selbstgestrickten schwarzen Pullover, der ihm fast bis zu den Knien reichte, und einen gestreiften Schal – natürlich nicht in den Farben der Universität.

Es mag übertrieben klingen, wenn ich sage, daß ich mich hoffnungslos in John verliebte, obwohl ich ihn nur in einer Schlange stehen sah.

Doch von jenem Moment an war ich wie besessen von seiner Erscheinung. Er ging mir nicht mehr aus dem Sinn. In meinen Augen war er der aufregendste junge Mann, der mir je begegnet war, und irgendwie mußte ich ihn haben. Aber wie? Wie sollte ich es anstellen, ihn näher kennenzulernen, ihm zu verstehen zu geben, daß ich mich für ihn interessierte?

Es gab nur eins: Ich mußte mich an seine Fersen heften, herausfinden, wo er sich gewöhnlich aufhielt und es dann so einrichten, daß wir uns wie zufällig über den Weg liefen. Ich ließ meine Arbeit im Stich und konzentrierte mich ausschließlich darauf, einen flüchtigen Blick auf diese traumhafte Erscheinung zu werfen. Aber wochenlang, so schien es, blieben meine Anstrengungen erfolglos. Ich bekam ihn einfach nicht zu Gesicht. Natürlich stand es außer Frage, jemanden nach ihm zu fragen – es wäre mir peinlich gewesen, wenn irgend jemand den Eindruck gewonnen hätte, ich sei übermäßig interessiert.

Ich erzählte keiner Sterbensseele davon und fragte mich nur, wann – oder ob überhaupt – ich ihn wiedersehen würde. Mit der Zeit wurde dieser Wunsch immer stärker – und dabei hatte ich noch nicht einmal ein Wort mit ihm gewechselt; er wußte ja nicht einmal von meiner Existenz.

Eines Tages dann, als ich gerade in der Bibliothek arbeitete, wurden meine Bemühungen belohnt. ER stand am Fenster und las in einem Buch. Ich kann mich noch gut daran erinnern, wie er auf mich wirkte – er schien von einem Heiligenschein umgeben, ein junger Gott, der vom Olymp herabgestiegen war, um die niederen Gefilde dieser Universität vorübergehend mit seiner Anwesenheit zu beehren. Wie war ER hierhergekommen? Ich verspürte den unwiderstehlichen Drang, zu ihm zu gehen und mit ihm zu sprechen, mich ihm vorzustellen.

Ich hatte noch nie etwas nur annähernd Vergleichbares erlebt. Ich wußte nicht, wie ich mich verhalten sollte, schien aber von irgend etwas, auf das ich keinen Einfluß hatte, getrieben. Ich fühlte mich wie besessen, als hätte ein Außerirdischer von meinem Körper Besitz ergriffen und ließ mich auf jede erdenkliche, für mich uncharakteristische Weise handeln. Ich hatte keine Kontrolle mehr über mein Tun.

Als ich so dasaß und beobachtete, wie er sich auf seinem Platz in der Bibliothek niederließ, wurde mir ganz flau im Magen. Er warf mir einen Blick zu, und ich lächelte, signalisierte mein Interesse. Er lächelte zurück. Mein Gott! Mir wurde heiß und kalt, und ich begann, ihm kokette Blicke zuzuwerfen. Es dauerte nicht lange, und ich erhob mich und ging zu ihm hinüber.

Ich nannte ihm meinen Namen, und er reagierte freundlich, wenn auch distanziert, und war recht gesprächig. Wir unterhielten uns über dies und das – ich war wie im Taumel –, und später begleitete er mich noch zur Bushaltestelle. Ich war wie verwandelt, innerlich erregt, befangen und fühlte mich ganz und gar nicht wohl in meiner Haut. Ich hatte den ersten Schritt gewagt – aber was nun?

So gern hätte ich ihn beeindruckt. Doch er schien keineswegs beeindruckt, nur höflich und kühl. Als ich nach Hause kam, verfiel ich in Trübsinn, fühlte mich einsam und leer. Außerdem ballte sich ein Gefühl der Angst in meinem Magen zusammen. Aber diese Angst war mit Euphorie gepaart, wie ich in meinem Tagebuch am 12. November 1962 festhielt: «Machte Fortschritte mit John – groß, verwegen, gutaussehend, einfach umwerfend. Wir saßen fast den ganzen Morgen im Kunst-Lesesaal, blickten uns immer wieder in die Augen und lächelten.» Aber am nächsten Tag schrieb ich:

«Ich hielt den ganzen Tag über im College nach John Ausschau und fühlte mich elend, da ich ihn nirgends entdecken konnte, und was die Sache noch schlimmer machte, traf Bob nicht nur einmal sondern gleich dreimal, der mich mit eisigem Blick anstarrte. [Ich hatte Bob natürlich den Laufpaß gegeben, um für John den Weg frei zu machen.] Während der Vorlesung war ich ganz woanders; meine Gedanken kreisten um John, immer nur John. O John, John, ich muß ihn mir aus dem Kopf schlagen. Warum habe ich mich nur derart in ihn verliebt? Wir sind beide [meine Zimmernachbarin und ich] heute früh ins Bett gegangen, und Penny schlief gleich ein, während ich hellwach bin und die ganze Zeit nur an John denke. Und dabei habe ich kaum ein Wort mit ihm gewechselt. O John, warum, warum nur?»

Irgendein sechster Sinn sagte mir bereits, daß er nicht an mir interessiert war, daß er es nie sein würde und niemals meine Gefühle erwidern würde. Aber meine Besessenheit wurde immer stärker, und seine Gleichgültigkeit schreckte mich nicht im geringsten ab.

Am 19. November, nachdem sich die ganze Sache kaum weiterentwickelt hatte, war ich der Verzweiflung nahe. Ich schrieb:

«John, John, John. Ich denke unablässig an ihn und das seit Tagen. Ich liebe ihn, liebe ihn so, wie ich noch nie einen Mann geliebt habe. Tiefes Glücksempfinden bei seinem Anblick und doch warum, warum liebe ich ihn nur, wenn ich genau weiß, daß er mich nicht liebt und mich wahrscheinlich auch nie lieben wird, immerwährende Liebe, wie ich sie für ihn empfinde, sowieso nicht.»

Eine Möglichkeit, ihn etwas näher kennenzulernen, bestand natürlich darin, ihn zu einer Party einzuladen – damals wie heute eine gesellschaftlich akzeptable Art für ein junges Mädchen, ihr Interesse zu bekunden. Da ich auf keine Parties eingeladen war, zu denen ich ihn hätte mitnehmen können, blieb nur eins, nämlich zusammen mit meiner Zimmernachbarin selbst eine zu geben. Diese Party würde meine große Chance sein, John wissen zu lassen, was ich für ihn empfand. Ich lud ihn ein und notierte in meinem Tagebuch: «Phantastisch, er hat zugesagt.» Penny und ich besorgten ein Faß Bier und etwas zu essen und warteten darauf, daß unsere Gäste eintrafen. Die meisten kamen einigermaßen pünktlich – bis auf John. Ich litt Höllenqualen. Er kommt nicht, sagte ich mir. Er kommt bestimmt nicht.

Aber schließlich erschien er doch. Er trug, wie ich später notierte, einen blauen Pullover, einen schwarzen Pullover und einen orangegrau gestreiften, selbstgestrickten Schlips und hatte den Hemdkragen aufgestellt. Als ich ihm die Tür öffnete, kehrte sich meine Verzweiflung augenblicklich in Glückseligkeit um: Meine übrigen Gäste waren vergessen, und ich widmete mich ausschließlich John. Er war der einzige, mit dem ich zusammen sein wollte – alle anderen waren reine Statisten.

Ich führte John ins Wohnzimmer, er trank ein Bier – und dann gingen wir nach oben in mein Schlafzimmer. Wir blieben stundenlang dort. Ich schrieb in mein Tagebuch:

«Ich wußte genau, daß ich mich noch nie von einem Mann körperlich so angezogen gefühlt hatte, ohne die geringsten Hemmungen, von unwiderstehlichem Charme. Und welch eine Wonne mit ihm auf dem Bett... er ist der erste Mann seit langem, den ich körperlich, als Mann, so sehr begehrt habe... solch absolutes, einzigartiges Glück während der wenigen Stunden, die er da war und meine damenhaften Filterzigaretten rauchte und unser Bier trank. Diese wundervollen Schauer, die ER in mir auslöste.»

Es fehlte nicht viel, und ich hätte mit ihm geschlafen, aber bei dieser Gelegenheit kam es nicht dazu – hauptsächlich aus Angst, irgend jemand könnte hereinplatzen. Aber wenn irgend etwas meine Obsession besiegelte, dann war es dieser Abend.

Das Problem war, daß John keinerlei Anstalten machte, mich wiederzusehen. Die Party schien ihm Spaß gemacht zu haben, er fand mich offenbar ganz attraktiv, bat aber weder um ein Rendezvous, noch suchte er meine Nähe. Meine Tagebucheintragungen nach der Party verzeichnen wachsende Hoffnungslosigkeit und Verzweiflung. Am 25. November schrieb ich: «Ich verzehre mich nach John.» Und am folgenden Tag: «Ich sehne mich nach wie vor danach, John wiederzusehen, dieses junge, verwegene Gesicht.»

Zu diesem Zeitpunkt war ich nur von dem Wunsch beseelt, John wiederzusehen; nicht unbedingt mit ihm zu sprechen, aber ihn zu sehen. Doch es vergingen ein oder zwei Wochen des «Verzehrens», bis ich ihn endlich wie beim ersten Mal in der Bibliothek wiedersah. Ich setzte alles auf eine Karte und lud ihn zu einer weiteren Party ein. Er nahm an, und obwohl er mich weder seinerseits einlud noch irgendwie ein Interesse an einer richtigen Beziehung signalisierte, versuchte er verstärkt, mich dazu zu bringen, mit ihm zu schlafen. «Erst reizt du einen, und dann machst du einen Rückzieher», sagte er bei einer Gelegenheit.

Obwohl ich mir sicher war, daß John sämtliche Kriterien, die mir für meinen ersten Liebhaber vorschwebten, erfüllte, erschwerte die Vorstellung, mit ihm ins Bett zu gehen, die ganze Sache. Ich wußte, daß ich mich nicht ewig würde herausreden können, wünschte mir aber, er würde etwas mehr Interesse an meiner Person zeigen. Heute glaube ich, daß John mich vor den Kopf stoßen, mir andeuten wollte, daß er eben nicht interessiert war. Aber wie so viele junge Männer wollte er auf ein sich anbietendes sexuelles Abenteuer nicht verzichten. Wahrscheinlich war er ebenso verwirrt und verunsichert von meinem Verhalten wie ich und wußte nicht so recht, wie er damit umgehen sollte. Vielleicht fühlte er sich auf irgendeine Weise geschmeichelt oder sogar angezogen, konnte jedoch meine intensiven Gefühle nicht erwidern.

Wie alles andere in meinem Leben
unwichtig wurde

Das Leben wurde für mich zur Hölle. Mein Studium litt nicht nur –
es existierte schlichtweg nicht mehr: Ich vernachlässigte andere
Freundschaften, hatte keine Freundinnen mehr außer meiner Mit-
bewohnerin Penny. Alle, die mich kannten, einschließlich der Dozenten, dachten, ich sei mannstoll, sexbesessen, ein Flittchen. Weil
ich mich damals recht auffällig kleidete und betont forsch auftrat
(um John zu beeindrucken), umschwärmten mich andere junge
Männer – und ich ignorierte sie. Ich mußte einen furchtbaren Eindruck hinterlassen haben, denn ich hörte zufällig, wie einer meiner
Professoren einmal bemerkte, er sei wohl der einzige Mann an der
ganzen Universität, mit dem ich nicht geschlafen hätte. Weit gefehlt – und doch kostete es mich ein bis zwei Jahre, um diesen Ruf
wieder loszuwerden.

Immer, wenn John in der Nähe war, starrte ich ihn schmachtend
an, was ihm gewiß auf die Nerven ging. Er sagte jedoch nie etwas,
und ich sagte ihm nie, wie sehr ich ihn liebte (denn für mich war es
wirklich wahre Liebe); keiner von uns sprach das Thema an, was das
einzig Richtige gewesen wäre. Er hoffte wahrscheinlich, ich würde
mich irgendwann beruhigen und ihn in Ruhe lassen. Seine Gleichgültigkeit und Unnahbarkeit aber hatten den gegenteiligen Effekt –
sie reizten mich nur noch mehr und verstärkten den Wunsch, mit
ihm zusammenzusein und auch mit ihm zu schlafen.

Meine Besessenheit steigerte sich zusehends. Am 1. Dezember
vertraute ich meinem Tagebuch an (damals mein einziger Freund):

«Ich denke immer noch ständig an ihn und weiß nur allzu gut,
daß ich ihm völlig gleichgültig bin. Er ist eiskalt und skrupellos [das
hatte mir einer seiner sogenannten Freunde erzählt, und ich wollte
es glauben]. Ich weiß es und verzehre mich trotzdem nach ihm,
obwohl ich es nicht will. Seltsam verwirrende Gefühle.»

Am 6. Dezember, es war gegen Ende des Semesters, traf ich ihn auf
einer Party:

«Etwa gegen halb zwölf tauchte er auf, und ich schwebte wie auf Wolken, überglücklich. Ich bekomme dauernd zu hören, ich solle ihn nicht so anhimmeln, aber ich tu's trotzdem, obwohl er mich jetzt haßt, weil ich sein Begehren nicht stille. Aber auch so ist er einfach umwerfend. Mit ihm ein nie gekanntes Gefühl. Oh, wie ich dich liebe, John. Es muß so sein. Warum sonst habe ich seit über einem Monat an nichts anderes denken können? Jeder scheint zu wissen, wie sehr ich ihn liebe, nur er nicht, er denkt, ich spiele mit ihm. Diese absolute Faszination, die er auf mich ausübt… ich habe noch nie jemanden so geliebt wie ihn. Wenn ich nur mit ihm über Weihnachten wegfahren könnte, nur wir beide. Wenn er in meiner Nähe ist, nehme ich keinen anderen Menschen mehr wahr. Ich muß dieses Sehnen und Verzehren nach ihm, das noch meine ganze Uni-laufbahn ruinieren wird, unbedingt abstellen.»

Diesem Eintrag nach zu schließen, mußte ich die Gefährlichkeit dieser Faszination irgendwie geahnt haben, war aber unfähig, auf diese Warnsignale zu hören. Ich hatte John zu so vielen Parties und anderen Gelegenheiten eingeladen, und er hatte mich kein einziges Mal gefragt, ob ich mit ihm ausgehen wollte. Es wurde schließlich so einseitig, daß ich mich gar nicht mehr traute, ihn wegen einer Verabredung anzusprechen.

In der Zwischenzeit, angezogen von der Intensität meiner Gefühle für John, zeigten mehrere seiner Freunde Interesse an mir und gingen mit mir aus, und sei es nur, damit ich über ihn «hinwegkam». Es war zwecklos. Ich war sowieso an keinem von ihnen interessiert, und daß ich mit ihnen ausging, verstärkte nur meine Sehnsucht nach John, da sie mich an ihn erinnerten.

Zu diesem Zeitpunkt hatte ich John, den ich kaum kannte, bereits mit einer dämonischen Persönlichkeit ausgestattet. Er war Luzifer, der strahlendste aller Engel, in schwärzeste Dunkelheit gestürzt; er war die Verkörperung verbotener Sehnsüchte, die furchterregende Personifizierung von Sexualität, von Männlichkeit schlechthin. Daß er vielleicht nur ein sehr junger, unsicherer Mann war, der dieser Situation nicht gewachsen war, kam mir nicht in den Sinn.

Ich glaubte – wollte es glauben –, daß er mit mir Katz und Maus spielte und damit seine eigenen niederen Ziele verfolgte. Ich war geistig und gefühlsmäßig zu blockiert, um mich zu fragen, welche Wirkung mein ständiges Bespitzeln und Auflauern auf ihn haben könnte. Es fehlte mir jegliches Verständnis für ihn und seine Situation.

Später sollte ich erkennen, daß man für den anderen niemals Verständnis aufbringt, wenn man unter einer Obsession leidet. Es ist ein Hauptmerkmal zwanghafter Liebe, daß sie rein egoistisch ist. Ein weiteres Merkmal ist, daß ihre Opfer zu logischem Denken und Verhalten nicht mehr fähig sind. Am 10. Dezember notierte ich «glühendes Verlangen» nach John und hoffte inbrünstig, daß er mich zum Semesterabschlußball seines Wohnheims einladen würde. Ich wußte, wie unwahrscheinlich es war, und natürlich tat er es auch nicht. Statt dessen lud er eine andere ein, wie mir einer seiner Freunde eilfertig mitteilte. Blinde Wut, Verzweiflung, Schmerz, als ich ihn mir mit diesem anderen Mädchen vorstellte. Tapfer schrieb ich: «Es ist mir egal, wie viele Frauen er hat, Hauptsache, ich bin eine von ihnen.»

Dann lud mich einer meiner Dozenten, ein junger Cambridge-Absolvent, zu einer Party in sein Haus ein. John gehörte nicht zu den Geladenen, aber einer seiner Freunde versicherte mir, daß er irgendwann später aufkreuzen und John mitbringen würde. Wieder war ich im siebten Himmel und schrieb: «Es wird eine himmlische Party werden, mit viel Alkohol und John und der ‹Erfüllung›, zu der ich fest entschlossen bin, selbst wenn er eine andere hat. Ich könnte haufenweise Männer haben, wenn es mich nicht so erwischt hätte.» Unglücklicherweise wurde es keine himmlische Party – jedenfalls nicht für mich. Als John endlich eintraf – entsetzlich spät wie immer –, war ich so betrunken, daß ich nur noch zu seinen Füßen niedersank. Der Abend war ein grauenvoller Alptraum und endete in Tränen, Verzweiflung und Einsamkeit.

Ich versuchte nun alles, um ihn zu vergessen und die ganze unselige Episode hinter mir zu lassen. Am 15. Dezember schrieb ich in mein Tagebuch: «Gott sei Dank bin ich über ihn hinweg – glaube ich zumindest.» Weit gefehlt. Weihnachten, nachdem sich nichts getan hatte, dachte ich die ganze Zeit nur an John und konnte es kaum erwarten, daß das neue Semester anfing und ich wieder zurück an die Uni konnte. Als ich kürzlich meiner Mutter gegenüber dieses traurige Kapitel erwähnte, sagte sie: «O ja, ich erinnere mich noch gut an John.» Ich wandte ein, daß sie ihn nie kennengelernt hätte und rein gar nichts über ihn wüßte. Da erinnerte sie mich daran, daß ich während der Weihnachtsferien damals von nichts anderem gesprochen hätte. «Du warst völlig hingerissen von ihm», sagte sie.

In meinem Tagebuch gab ich mir den guten Rat: «Ich schwöre, daß nächstes Semester alles anders wird. Ich werde neue Leute kennenlernen und die Erinnerung an das Bild [unglücklicherweise noch immer deutlich] des wundervollen und niederträchtigen John versuchen zu vergessen. Ich allein bin an der Beziehung zu ihm schuld. Niemand anderen kann ich dafür verantwortlich machen.» Es nützte nichts. Ich konnte ihn nicht vergessen. Zu Beginn des neuen Semesters verfolgte ich ihn ebenso hartnäckig wie zuvor – und schließlich reagierte er, nicht aus Zuneigung, nicht aus Liebe, und stellte das typische Ultimatum eines jungen Mannes: Falls es mir wirklich ernst mit ihm sei, dann würde ich mit ihm ins Bett gehen.

Eingebildete Ekstase

Natürlich hatte ich keine Sekunde daran gezweifelt, daß er der «Richtige» war, um mich in die körperliche Liebe einzuführen. Und dann war es soweit (endlich!). Eines Nachmittags ging ich mit einer Mischung aus Sehnsucht und Furcht zu ihm ins Wohnheim, entschlossen, meine Jungfräulichkeit zu verlieren. Schreckliche Angst hatte mich gepackt. Würde es weh tun? Würde es stark bluten? Ich hatte auch fürchterliche Angst, unerfahren zu wirken und mich zu blamieren, weil ich wußte, daß John mich nicht liebte, nicht einmal Zuneigung für mich empfand. Sein Ultimatum rührte von dem dringenden Bedürfnis eines jungen Mannes nach Sex und möglicherweise auch von mangelnder Lebenserfahrung, denn wenn sich ein junges, unerfahrenes Mädchen aufreizend gibt, bedeutet dies oft nur, daß sie nicht weiß, wie sie sonst ihr Interesse bekunden soll.

Am 20. Januar 1963 fand das große Ereignis statt. Das weiß ich, weil ich am Tag danach meine Empfindungen zu Papier brachte. Wenn ich jetzt im nachhinein meine Aufzeichnungen lese, habe ich den Eindruck, daß sie eher mein Wunschdenken widerspiegeln als die Realität:

«Gestern abend der Höhepunkt unserer Liebe in seinem Zimmer – schmerzhaft, brennend, der Gipfel der Ekstase mit IHM – wunderbar, so männlich. Unzulänglich die Worte, um den Rausch und die Erfüllung der letzten Nacht auszudrücken... Unendlich anstrengend der Versuch, körperlich auszudrücken, was man fühlt. Ich sehne mich danach, ein weiteres Mal von J. genommen zu werden, aber diesmal wird es noch vollkommener sein als beim ersten Mal, nachdem ich die dunklen Begierden des Körpers ergründet habe und wieder emporgestiegen bin. J. war männlich-brutal, wirkte skrupellos, amoralisch, aber wie anders, wie völlig anders fühle ich mich, wenn ich jetzt allein bin. Keine Nächte der Einsamkeit mehr, der unerwiderten Begierde. Ich liebe ihn.»

Tatsächlich gehört dieses Erlebnis zu den traumatischsten meines Lebens. Hatte es dazu dienen sollen, uns einander näherzubringen, so hatte es seinen Zweck verfehlt. Der Effekt war eher gegenteilig. Als Ergebnis dieses Nachmittags und Abends (die Verführung nahm mehrere schwierige Stunden in Anspruch), wollte John mich nie mehr wiedersehen.

Ich hatte John für einen erfahrenen Liebhaber gehalten. Aber viele Jahre später gab er zu, daß es auch für ihn schmerzhaft und traumatisch gewesen sei, und führte den Fehlschlag auf seine «Ungeschicktheit» zurück. Wenn wir damals darüber hätten reden können, dann wäre vielleicht meine Besessenheit langsam abgeklungen und schließlich ganz verschwunden. Statt dessen aber glich sie einem Fließband, das sich nicht anhalten ließ, das immer weiterlief, bis es mir Jahre später gelang, es mit Hilfe einer erfahrenen Therapeutin zum Stillstand zu bringen.

John brach jede Beziehung zu mir ab, und ich war am Boden zerstört. Kurz darauf legte er sich eine Freundin zu, diesmal eine richtige, und schien sehr in sie verliebt zu sein. Er wollte nicht mit mir reden, und ich traute mir nicht zu, mit ihm zu reden. Erst im Dezember 1990 sollten wir wieder ein Wort miteinander wechseln, als ich ihn auf Heathrow, Terminal Vier, wiedertraf und wir uns wunderbar unterhielten. Aber zu diesem Zeitpunkt hatte ich bereits meine Obsession erfolgreich überwunden, die, ohne daß ich mir dessen bewußt war, mein ganzes Leben als Erwachsene geprägt hatte.

Jetzt mußte ich zusehen, daß ich die Scherben wieder auflas – aber wie? Ich studierte Jura, ein Fach, das ich mittlerweile haßte, und war in allen Abschlußklausuren durchgefallen. Ich wappnete mich innerlich gegen John. Manchmal sah ich ihn in der Bibliothek oder im Studentenhaus an der Bar stehen und etwas trinken. Aber ich unternahm nicht den geringsten Versuch, mich ihm zu nähern. Ich hatte das überwältigende Gefühl, von ihm schäbig behandelt und benutzt worden zu sein, und das alles ohne einen Funken Leidenschaft oder Sympathie. Ich wurde von Pein und Scham verzehrt, weil meine Gefühle mit mir durchgegangen waren und ich mich derart erniedrigt hatte. Der Ausspruch: «Irgend etwas starb in mir» ist inzwischen zu einem überstrapazierten Klischee geworden, aber genauso fühlte ich mich. Meine ersten Vorstöße in Sachen Liebe waren verächtlich zurückgewiesen worden.

Darüber hinaus hatte dieser Mann mich meiner Jungfräulichkeit beraubt – ein damals weit schwerwiegenderes Problem als heute, denn zum einen hatten wir panische Angst davor, schwanger zu werden, zum anderen hatte man uns eingebleut, daß anständige junge Männer junge Mädchen nicht vor der Ehe verführten. Als nur ein Jahr später die Pille auf den Markt kam, änderte sich die Situation schlagartig, so daß man sich nur schwer vorstellen kann, daß diese Einstellungen noch bis vor kurzem so dominierend waren.

Das folgende Trauma

Ich wurde nicht schwanger, aber mein Körper fiel in eine Art Schockzustand. Das erste Anzeichen einer erhöhten körperlichen Anfälligkeit war eine unangenehme Scheideninfektion. Wahrscheinlich handelte es sich um irgendeine Pilzerkrankung, aber in meiner Unwissenheit und Panik verdächtigte ich John, mir Syphilis angehängt zu haben, und verabscheute ihn um so mehr. Durch meine Entzündung – die einfach nicht heilen wollte – fühlte ich mich schmutzig und benutzt. Ich hatte zuviel Angst, um einen Arzt aufzusuchen, und so dauerte es Monate, bis sie von selbst zurückging, wahrscheinlich als der ärgste Streß und Schock überwunden war.

Aber das war nicht mein einziges gesundheitliches Problem. Mein Zahnfleisch begann zu bluten – ein häufiges Problem bei physisch und psychisch überforderten jungen Menschen. Und ich bekam einen leichten Anfall von Drüsenfieber.

Eine angeschlagene Gesundheit, Krankheiten, die mich demoralisierten, Schuld- und Schamgefühle waren schon schlimm genug, aber sie stellten nicht die einzigen Schwierigkeiten dar, mit denen ich in jenem Jahr zu kämpfen hatte.

Aufgrund meines unrühmlichen Rufs, wollte niemand mehr mit mir ausgehen. Und als Neville, mein späterer Mann, einem Kommilitonen gegenüber erwähnte, er fände mich attraktiv, warnte man ihn vor mir. Ich ernährte mich schlecht, trank und rauchte zuviel. Meine finanzielle Lage war verheerend und mein Konto derart überzogen, daß ich es wohl nie wieder würde ausgleichen können. Meine akademischen Leistungen waren eine Katastrophe. Ich dachte daran, von Jura zu Englisch überzuwechseln, aber die Tatsache, daß John Englisch studierte, schreckte mich ab.

Was sollte ich tun?

Eine vernünftige Beziehung

Dann, gegen Ende des Semesters, trat Neville in mein Leben. Ich denke heute, daß er mir wieder auf die Beine half und mich vor dem völligen Abgleiten bewahrte. Als ich ihn kennenlernte, war er gerade neunzehn, groß, sehr schlank und hatte ein nettes, offenes Gesicht und einen blonden Lockenkopf. Er hätte sich nicht grundsätzlicher von dem verruchten, von sich überzeugten John unterscheiden können. Ich bin sicher, daß Neville kaum eine Chance gehabt hätte, wenn ich nicht noch unter dem Trauma meiner Beziehung zu John gelitten hätte – falls man es als solche überhaupt bezeichnen kann.

Aber Neville war, wie er sagte, wahnsinnig in mich verliebt – obwohl wir nie zuvor ein Wort gewechselt hatten –, und wir kamen von Anfang an wunderbar miteinander aus. In meinem Leben schien es wieder bergauf zu gehen. Allmählich besserte sich auch mein Gesundheitszustand, und ich wurde am Englischen Seminar zugelassen, unter der Bedingung, daß ich meine Semesterabschlußklausuren in Jura wiederholte (und ich überraschte jeden, indem ich sie bestand). Johns Bild schien langsam zu verblassen, je enger meine Beziehung zu Neville wurde, die schließlich noch während unseres Studiums in eine Ehe mündete.

Später bekamen wir zwei Söhne und ergriffen denselben Beruf – Journalisten bei einer Tageszeitung. Wir führten eine erfolgreiche, harmonische, gleichberechtigte Ehe, obwohl die Episode mit John während der ganzen Zeit als etwas Dunkles, Geheimnisvolles und Traumatisches zwischen uns lag, etwas, was man geschickt umgehen, niemals anrühren, niemals ansprechen, niemals ans Licht holen durfte. Jahrelang erwähnte ich nicht einmal Johns Namen. Niemand durfte ihn erwähnen. Wenn wir über ihn sprachen, dann hieß er nur «der Typ» und für Neville «der Mann aus deiner Vergangenheit».

Als wir uns kennenlernten, wußte Neville, daß ich mich gerade von einer schmerzhaften unglücklichen Liebesaffäre erholte. In John sah er eine Art dämonischen Liebhaber, der mich brutal und schändlich behandelt hatte. Er sollte fünfundzwanzig Jahre an dieser Meinung festhalten, obwohl er John kaum kannte.

Gespenster aus der Vergangenheit

Man könnte nun vermuten, daß durch Nevilles Liebe und die Sicherheit und Ausgewogenheit unserer Beziehung die Zeit mit John allmählich in den Hintergrund getreten wäre. Schließlich hatte ich nie eine Beziehung mit ihm gehabt, ja noch nicht einmal so etwas wie eine ernsthafte Unterhaltung mit ihm geführt. Wir hatten nie etwas von Bedeutung miteinander geteilt. Aber der Ausgang dieser Geschichte macht deutlich, wie unwahrscheinlich es ist, daß Obsessionen und Traumata von selbst verschwinden – vor allem, wenn man wie ich überhaupt nicht in der Lage ist, darüber zu reden. Bewußt hatte ich in all den Jahren so gut wie nie an John gedacht. Aber hin und wieder, ohne ersichtlichen Grund, kam eine Erinnerung an ihn hoch, begleitet von einem Kribbeln im Magen und Gefühlen des Hasses, der Feindseligkeit und des Grolls. Mehr als einmal hatte ich gedacht: Wenn ich diesen Scheißkerl je wiedersehen sollte, dann sag ich ihm, wie sehr er mich damals verletzt und gedemütigt hat. Eines Tages, dachte ich, werde ich's ihm heimzahlen.

Ich wußte, daß er inzwischen verheiratet war, eine Tochter hatte und an einer Universität lehrte. Er hatte noch ein paar Jahre in derselben Stadt gewohnt, in der wir studiert hatten, genauso wie Neville und ich, aber wir hatten keinerlei Kontakt zueinander. Ich erinnere mich noch, daß Neville meinte, als wir John einmal Jahre später zufällig trafen, er würde gar keinen so üblen Eindruck machen – daß er sogar ganz nett wirkte. Ich reagierte darauf nur mit einem wütenden Schnauben, und so ließ Neville die Sache auf sich beruhen. Von Zeit zu Zeit malte ich mir aus, wie ich mich verhalten würde, wenn mir John über den Weg laufen sollte, was allerdings recht unwahrscheinlich war. Er ging mir nie ganz aus dem Kopf. Im Sommer 1990 dann hatte eine ganz banale Begebenheit Folgen, die mich aus dem Gleichgewicht brachten und die erschütternde Erkenntnis zutage förderten, daß ich noch immer unter den Nachwehen dieser Obsession litt.

Inzwischen waren Neville und ich geschieden, obwohl wir weiterhin gute Freunde blieben, und lebten beide allein in der Innenstadt von London. Keiner von uns hatte wieder geheiratet oder war eine Beziehung eingegangen – noch verspürten wir den Wunsch danach. Wir waren beide glücklich, allein zu sein und unser eigenes Leben zu führen.

Während der letzten zehn Jahre war unsere Ehe, in beiderseitigem Einvernehmen, platonisch gewesen. Nun könnte man annehmen, daß ich durch mein traumatisches Erlebnis mit John den Spaß an Sex verloren hätte und daß dies rückblickend der Grund für unsere selbstgewählte Enthaltsamkeit wäre. Mir erscheint das unwahrscheinlich.

Nach der Sache mit John hatte ich ein paar Affären gehabt und dabei alle Variationen an Leidenschaft, Vergnügen, Langeweile und anderen Empfindungen erfahren, die normalerweise mit Sex verbunden sind. Es scheint mir, verglichen mit dem, was ich im Gespräch mit anderen erfahren habe, daß meine sexuellen Erfahrungen für die damalige Zeit ganz dem Durchschnitt entsprachen – und daß ich ebenso in der Lage bin, Sex zu genießen – oder auch nicht – wie jeder andere auch. Der Grund für unsere sexuelle Enthaltsamkeit hat meiner Meinung nach eher mit dem Bedürfnis nach persönlicher Entfaltung und dem Wunsch nach Alleinsein zu tun als mit Frigidität oder einem unbewältigten traumatischen Erlebnis.

Es gab keine weiteren traumatischen Erlebnisse, aber was ich nach über zehnjähriger sexueller Enthaltsamkeit sagen kann, ist, daß ich ein Leben ohne Sex als Befreiung empfunden habe, als eine Zeit der Autonomie und Unabhängigkeit. Ich glaube heute, daß es diese Jahre der bewußt gewählten Enthaltsamkeit waren, die es mir schließlich ermöglichten, mich mit meinem Trauma zu konfrontieren, es erneut zu durchleben und aufzulösen. Ich bezweifle, daß es so schnell möglich gewesen wäre, wenn ich mich in einer intensiven sexuellen Beziehung befunden hätte.

Der Verzicht auf Sex verhalf mir zu der notwendigen Klarsicht, mich diesem Problem zu stellen und eine Lösung anzustreben. Das wäre nicht einfach oder überhaupt unmöglich gewesen, wenn es einen besitzergreifenden Liebhaber im Hintergrund gegeben hätte. Wahrscheinlich hat die traumatische Erfahrung meine emotionale Reaktion auf andere Menschen derart negativ beeinflußt, daß das, was im August 1990 passierte, mich zutiefst verstören könnte.

Ich stand in einer Schlange, um mich für einen Yogakurs anzumelden, als ich eine seltsam bekannte Stimme hinter mir vernahm. Ich drehte mich um und erblickte einen ehemaligen Freund aus der Studienzeit, mit dem ich ein paarmal ausgegangen war, als Neville und ich uns vorübergehend getrennt hatten. Er hatte damals Kunst studiert. Nun war er ein grauhaariger Mann mittleren Alters, in einem Anzug und mit einem Aktenkoffer in der Hand. Er war vereidigter Wirtschaftsprüfer.

Nach dem Yogaunterricht tranken wir noch ein Glas zusammen und erzählten uns, wie es uns in der Zwischenzeit ergangen war. Dann fragte er mich, ob wir an einem so herrlich milden Sommerabend noch einen Spaziergang machen wollten. Als wir durch den ausgedehnten öffentlichen Park spazierten, spürte ich wieder dieses unangenehme Kribbeln im Magen. Ich fragte mich: Finde ich ihn immer noch attraktiv, oder was hat das zu bedeuten? Diese starken Gefühle schienen mir unangemessen, denn wir hatten damals keine besonders aufregende Beziehung gehabt und waren ohne größeres Bedauern auseinandergegangen.

Wie ich die Möglichkeit einer Therapie entdeckte

Wie es der Zufall wollte, besuchte ich ein paar Wochen später das Therapiezentrum «Morning Light» in Schottland, das sich darauf spezialisiert hatte, unter Kindesmißbrauch und anderen schweren Traumata Leidenden zu helfen. Man ermutigte die Betroffenen dazu, schmerzliche Erlebnisse aus der Vergangenheit anzugehen, sie erneut zu durchleben und aufzulösen. Ich wollte einen Artikel für eine Tageszeitung darüber schreiben. Aber während ich dort war, fragte mich Veronica Stephenson, eine der Therapeutinnen, ob ich mich persönlich für eine Therapie interessiere. Natürlich hatte ich damals nicht die geringste Ahnung, daß ich unter zwanghafter Liebe litt, und so erwiderte ich eher ablehnend: «Wenn Sie meinen, aber ich glaube nicht, daß ich irgendwelche Probleme habe.» Ich erwähnte jedoch die kürzliche Begegnung mit einem früheren Freund beim Yogaunterricht. «Würde mir ein solches Treffen mit ihm Magenschmerzen bereiten?» fragte ich Veronica.

Sie hielt es für recht unwahrscheinlich, vor allem, da ich mich ja gefreut hatte, ihn wiederzusehen, und da damals auch nichts Traumatisches oder Beunruhigendes zwischen uns vorgefallen war. Es sei wahrscheinlicher, meinte sie, daß die Begegnung eine unangenehme Erinnerung wachgerufen hätte, die nicht mit ihm direkt zu tun hatte. Sie begann mir Fragen zu stellen, um herauszufinden, was in dieser Phase meines Lebens sonst noch passiert sei. «Nun», sagte ich etwas zögernd, «ich hatte mich damals unglücklich verliebt. Vielleicht ist es das.» Während wir uns darüber unterhielten, wurde deutlich, daß die Affäre mit John, so kurz und unwichtig sie auch gewesen sein mochte, offensichtlich ein Trauma ausgelöst hatte, das ich nicht mehr losgeworden war.

Neuere wissenschaftliche Untersuchungen mit Personen, die Flugzeugabstürze, Katastrophen in Fußballstadien und ähnliches erlebt hatten, zeigen, daß ein nicht aufgelöstes Trauma jahrelang in unserem Organismus bleibt und alles in unserem Leben in einem gewissen Maß beeinflußt. Psychologen haben herausgefunden, daß das traumatische Erlebnis, ganz gleich wie lange es zurückliegt, nicht von selbst verschwindet. Wenn es tief sitzt, benötigen wir sachkundige Hilfe. Freud, der das erkannt hatte, konzentrierte sich in seiner Arbeit darauf, unterdrückte Traumata an die Oberfläche zu bringen. Primärtherapie geht von der These aus, daß für viele von uns die Geburt ein traumatisches Erlebnis darstellt und wir erst unsere Fähigkeiten voll ausschöpfen können, wenn wir dieses Trauma erneut durchleben und auflösen. Arthur Janov, der Begründer der Primärtherapie, glaubte, daß dieser ursprüngliche Schmerz so lange in unserem Organismus bleibt, bis wir ihn erneut durchleben. Erst dann sind wir frei von ihm.

Bevor ich meine Therapie mit Veronica begann, hätte ich nie geglaubt, der Typ von Mensch zu sein, der für zwanghafte Liebe anfällig ist. Im Laufe der Jahre hatte ich mir eingeredet, daß John an allem schuld sei und für meine Leiden verantwortlich wäre. Die Möglichkeit, daß mein zwanghaftes Verhalten von einst eine schwere, dauerhafte seelische Störung und innere Zerrissenheit hatte bewirken können, war mir nie in den Sinn gekommen.

Als die Therapie, die ich in Kapitel 4 näher beschreiben werde, voranschritt, erfuhr ich mehr über zwanghafte Liebe. Ich lernte, daß sie mich daran gehindert hatte, Nähe zu anderen Menschen zuzulassen, daß ich während meines ganzen Lebens als Erwachsene immer auf der Hut war, vor lauter Angst, mir könnte dasselbe wieder passieren. In meinen Beziehungen war ich demzufolge pragmatisch, kontrolliert, leidenschaftslos und gefühllos. Ich dachte, das entspräche meinem Wesen – aber irgendwo in meinem Innern spürte ich, daß es etwas gab, das ich nie auslebte.

Ich glaube heute, daß ich insgeheim Angst davor hatte, was passieren könnte, wenn ich mich auf eine Beziehung völlig einließe, und so ergriff ich nie die Initiative. Ich ließ mich lieben und umschwärmen, statt selbst aktiv zu werden. Nachdem ich einmal völlig die Kontrolle verloren hatte, wollte ich unter allen Umständen verhindern, daß es ein zweites Mal passierte. Ich wollte nicht in einem Meer aus Gefühlen und Leidenschaft versinken. Also war ich unnahbar und hielt dies für einen Wesenszug von mir. Als Neville die Tonbänder von meinen Therapiestunden hörte, war er überrascht: Er hätte gar nicht gewußt, daß ich ein so leidenschaftlicher Mensch sei. Ich hatte meine Gefühle während all der Jahre unter Verschluß gehalten – und es noch nicht einmal gemerkt.

Ich lernte von Veronica auch, daß zwanghafte Liebe offenbar immer nach einem bestimmten Muster abläuft. Da ist immer das Gefühl, die Kontrolle zu verlieren, nicht in der Lage zu sein, ruhig und rational zu reagieren. Unsere Gefühle werden nie erwidert. Da ist immer die Empfindung, daß sich die eigene Persönlichkeit langsam aber sicher auflöst. Und immer bleibt ein Restschmerz, der niemals ganz vergeht – bis das dunkle Geheimnis an die Oberfläche gebracht wird.

In Kapitel 2 werden wir uns weitere Fallbeispiele ansehen, von «normalen» als auch berühmten Leuten, um ein besseres Verständnis von zwanghafter Liebe in all ihren Erscheinungsformen zu bekommen.

2 Verschiedene Arten von zwanghafter Liebe

Unter zwanghafter Liebe wird oft eine leicht übersteigerte Form des Verliebtseins verstanden. Man sieht in ihr gemeinhin eine Leidenschaft, die ein wenig außer Kontrolle geraten ist, über die man sich jedoch keinerlei Sorgen machen muß. Junge Leute, die unter den Schmerzen einer zwanghaften, unerwiderten Liebe leiden, werden von jenen, die angeblich älter und weiser sind, mit dem Hinweis getröstet, daß dies nur ein Übergangsstadium auf dem Weg zu reifer Liebe sei, eine Erfahrung, die jeder Teenager machen müsse. Selten wird sie als traumatisches Erlebnis gesehen, das uns tief erschüttern und nachhaltig beeinflussen kann. Im folgenden werde ich sowohl über die Erfahrungen ganz «gewöhnlicher» Menschen berichten als auch über Fälle berühmter Leute, die sich in eine einseitige Liebe verrannten und deren Leben völlig aus den Fugen geriet.

Olivia

Die zwanzigjährige Olivia war an die Aufmerksamkeit junger Männer gewöhnt. Sie hatte ein liberales, koedukatives Internat besucht und war danach ein Jahr lang mit einer Freundin durch Indien und Südamerika gereist. Als sie dann ihr Studium begann, hielt sie sich für eine welterfahrene, erwachsene junge Frau. Mit sechzehn hatte sie zum ersten Mal mit einem Jungen geschlafen und hatte danach noch drei weitere Freunde gehabt. Als sie zehn Jahre alt war, hatten sich ihre Eltern scheiden lassen. Beide waren mittlerweile wieder verheiratet und arbeiteten als erfolgreiche Anwälte. Olivia war daher an Geld und eine luxuriöse Umgebung gewöhnt. Nachdem sie problemlos an die Oxford University gekommen war, genoß sie das gesellige Studentenleben in vollen Zügen, bis sie schließlich Peter begegnete.

Peter hatte auch in Oxford studiert, arbeitete jetzt aber in der Filmbranche – wie seinen vagen Andeutungen zu entnehmen war. Er stammte aus einer sehr wohlhabenden Familie und hatte es eigentlich gar nicht nötig, Geld zu verdienen. Er war ein gutaussehender, leichtlebiger und, in Olivias Augen, außergewöhnlich anziehender Mann. Als sie ihn auf einer Party kennenlernte, war es sofort um sie geschehen.

Sie erzählt: «Ich hielt ihn für den tollsten Mann, dem ich je begegnet war, und konnte es kaum fassen, als er sich mit mir verabredete. Von da an wartete ich täglich auf Briefe und Anrufe von ihm. Ich stand Höllenqualen aus. Er versprach, sich zu melden, und ließ dann tagelang nichts von sich hören. Er sagte, er würde bei mir vorbeikommen, tauchte aber einfach nicht auf. Und dann schneite er manchmal völlig unangemeldet bei mir herein, woraufhin ich alle meine Termine absagte, nur um mit ihm zusammen zu sein.

Ich konnte ihm einfach nicht böse sein. Er entschuldigte sich jedesmal ganz zerknirscht, wenn er sich verspätet hatte oder gar nicht aufgetaucht war. Er schickte mir Blumen und Gedichte, und dann schwebte ich wie auf Wolken.

Was mich am meisten an ihm beeindruckte, war wohl, daß er so belesen und gut informiert war. Er hatte alle wichtigen Filme und Theaterstücke gesehen und konnte zu allen etwas sagen. Ich wußte, daß er nicht gerade verrückt nach mir war. Ich aber war einfach total vernarrt in ihn.

Dann verschwand er plötzlich von der Bildfläche – oder zumindest konnte ich ihn nirgendwo mehr erreichen. Es ging nie jemand ans Telefon. Ich konnte nicht mehr essen, nicht mehr schlafen. Ich litt schrecklich, erzählte aber keinem Menschen davon. Ich wurde magersüchtig, und meine Leistungen an der Uni ließen merklich nach. Auch mein Wesen begann sich zu verändern: Eigentlich aufgeschlossen, extrovertiert, zog ich mich mehr und mehr in mich zurück, wurde immer schweigsamer. Meine Freunde fragten mich, was mit mir los sei – aber ich konnte es ihnen nicht erzählen, weil ich fürchtete, daß sie mich nicht verstehen würden.

Dann, etwa sechs Monate später, rief er aus heiterem Himmel an. Er sagte, er wäre wegen irgendwelcher Außenaufnahmen unterwegs gewesen, gab sich furchtbar schuldbewußt und lud mich zu seinen Eltern zum Abendessen ein. Sie wohnten in einem riesigen Haus in Hampstead und hatten offenbar Geld wie Heu. Doch mir kam das alles nur wie Fassade vor – wie bei Peter.

Ich wußte natürlich, daß er mir nicht guttat, daß er jede Menge Freundinnen hatte und daß all die Blumen und Gedichte nichts bedeuteten. Aber ich kam einfach nicht los von ihm.

Ich habe ihn jetzt seit einigen Monaten nicht mehr gesehen. Für ihn ist die Beziehung wahrscheinlich beendet. Das Problem ist nur, daß mir alle anderen Männer, besonders die in meinem Alter, im Vergleich zu Peter mittelmäßig und langweilig vorkommen.

Die Magersucht hat mir erst so richtig vor Augen geführt, was für einen schädlichen Einfluß Peter auf mich hatte. Im Sommer mußte ich mehrere Pullover übereinanderziehen, um nicht zu frieren. Und ich war ziemlich allein und isoliert. Ich wollte mit niemandem reden – nur die ganze Zeit an Peter denken. Nichts schien mir mehr wichtig.

In den Sommerferien überredete mich meine Mutter, ein Zentrum für Eßstörungen aufzusuchen. Ich ging nur widerstrebend hin. Obwohl ich dort Rat und Hilfe bekam, leide ich immer noch unter Magersucht. Ich bin immer noch zu dünn, friere ständig und habe Probleme mit dem Essen.

Seit ich Peter begegnet bin, habe ich jedes Interesse an einer neuen Beziehung verloren. Kein Mann, den ich seither kennengelernt habe, bedeutet mir wirklich etwas, denn im Grunde sehne ich mich immer noch nach Peter. Ich springe auf, wenn das Telefon klingelt, hoffe, daß er schreibt, daß er sich wieder bei mir meldet. Es ist wie eine Sucht, und deswegen bin ich wahrscheinlich auch magersüchtig geworden. Ich glaube, daß ich von jemandem abhängig bin, der mir nicht guttut – aber ich komme einfach nicht los von ihm. Es ist schrecklich. Ich würde so gerne jemand anderen kennenlernen, aber wie?»

Pauline

Pauline stammt aus einfachen Verhältnissen. Als sie sechzehn war, wollten sie ihre Eltern von der Schule nehmen, damit sie möglichst schnell einen Beruf erlernte. Ihr Kunstlehrer aber, der sie für hochbegabt hielt, überredete ihre Eltern, Pauline auf der Schule zu lassen, damit sie später Kunst studieren konnte. Die Eltern willigten nur widerstrebend ein – niemand in der Familie hatte je eine höhere Bildung genossen und sich schon gar nicht einer so brotlosen Kunst gewidmet.

An der Kunsthochschule fühlte sich Pauline ihren Kommilitoninnen hoffnungslos unterlegen: Sie schienen alle Unmengen von Geld, ausgefallene, schicke Kleider und aufregende Freunde zu haben und an irgendwelchen exotischen Orten tolle Urlaube zu verbringen. Pauline dagegen mußte in den Semesterferien in einer Fabrik jobben, um ihr Studium überhaupt finanzieren zu können.

Martin, einer ihrer Dozenten, hielt Pauline für außerordentlich begabt und beschloß, sie zu fördern. Unter seiner Anleitung machte ihre Malerei große Fortschritte, und es dauerte nicht lange, da hatte sie sich bis über beide Ohren in ihn verliebt. Eigentlich interessierte sich Martin, der verheiratet war und drei kleine Kinder hatte, nur für Paulines künstlerisches Talent. Aber ihre schwärmerischen Gefühle schmeichelten ihm doch, und eines Tages landeten die beiden zusammen im Bett.

Von da an war Pauline besessen von ihrer Leidenschaft für Martin. Sie ließ ihm keine Ruhe: sie lauerte ihm vor seinem Haus auf und rief zu sämtlichen Tages- und Nachtzeiten bei ihm an. Schließlich beichtete Martin seiner Frau, daß er eine Affäre mit einer Studentin hätte, versicherte ihr aber, daß es nichts Ernstes sei. Aber Pauline ließ nicht locker. Sie malte Bilder für ihn, schrieb ihm unzählige Briefe und schwor ihm ewige Liebe. Schließlich stellte Martins Frau ihm ein Ultimatum: Entweder er trennte sich von Pauline oder sorgte dafür, daß sie die Familie in Ruhe ließ, oder sie würde ihn verlassen und die Kinder mitnehmen. Daraufhin sprach Martin mit Pauline, brachte ihr so schonend wie möglich bei, daß die Affäre beendet sei, daß er sie zwar gern hätte, aber lieber bei seiner Frau bleiben wolle.

Pauline brach in Tränen aus, beteuerte, nicht ohne ihn leben zu können und schluckte am Tag nach ihrer Aussprache eine Überdosis Schlaftabletten. Sie wurde noch rechtzeitig in ein Krankenhaus gebracht, wo man sich um sie kümmerte. Doch sie verriet niemandem den Grund für ihren Selbstmordversuch. Danach faßte sie den Entschluß, das College zu verlassen, und wechselte am Ende des vierten Semesters auf eine Kunsthochschule in der Nähe ihres Heimatorts. Sie wohnt jetzt wieder bei ihren Eltern. Sie denkt immer noch viel an Martin, versucht ihn im College zu erreichen, schreibt ihm Briefe. Er antwortet nie darauf, und sie leidet immer noch schrecklich.

Sie glaubt, daß ihr Leben zerstört ist – und kann nicht verstehen, was eigentlich mit ihr geschehen ist. Ihre Mutter versucht sie zu trösten und versichert ihr, daß sie eines Tages jemand anderen kennenlernen wird – aber sie hat ihre Zweifel.

Robert

Robert war zum Architektur-Studium nach Schottland gegangen. Seine Eltern waren Briten, lebten jedoch in Florida, und er konnte nur während der langen Semesterferien nach Hause fliegen. Er hatte sich in Schottland nie richtig eingelebt, und es fiel ihm schwer, Freunde zu finden.

In seinem zweiten Studienjahr begegnete er Marina. Sie war dunkelhaarig, zierlich und in seinen Augen wunderhübsch. Er wollte sie gerne näher kennenlernen, brachte es aber einfach nicht fertig, sie anzusprechen. Er hoffte, wenn er sich nur hartnäckig genug in ihrer Nähe aufhielt, würde bei ihr der Groschen fallen und sie sein Interesse an ihr bemerken. Aber nichts dergleichen geschah. Sie flirtete mit allen möglichen Studenten, nur ihn schien sie nicht zu bemerken, und Robert war ganz verzweifelt. «Wie soll ich bloß ein so tolles Mädchen für mich interessieren?» fragte er sich ratlos.

Schließlich nahm er seinen ganzen Mut zusammen, kaufte zwei Karten für ein Konzert und fragte Marina, ob sie Lust hätte, mitzugehen. Sie lehnte ab, weil sie an diesem Abend schon etwas anderes vorhatte, sagte aber, daß sie sich über seine Einladung freute. Dann lief sie davon, lachte und scherzte, von einer Horde junger Männer umringt. Robert war gekränkt – eine weit größere Kränkung erwartete ihn jedoch, als er allein ins Konzert ging und dort Marina mit einem anderen Jungen sah. Sie schien sich offensichtlich gut zu amüsieren. Sie winkte ihm unbekümmert zu und lächelte. Robert konnte es nicht länger ertragen, und ging nach der Pause heim.

Trotzdem konnte er Marina nicht vergessen. Sie war ganz offenkundig nicht an ihm interessiert und schien auch nicht zu bemerken, wie vernarrt er in sie war. Er vernachlässigte sein Studium und fiel am Ende des zweiten Jahres durch die Prüfungen. Robert beschloß, sie nicht zu wiederholen, und setzte damit seiner zukünftigen Karriere als Architekt ein vorzeitiges Ende. Es war ihm unmöglich, noch länger mit Marina dieselbe Universität zu besuchen. Er konnte es nicht ertragen, mitanzusehen, wie sie sich mit anderen Jungen amüsierte, während er so schrecklich litt.

Drei klassische Fälle – alle aus dem Studentenmilieu. Die drei jungen Leute erlebten alle dieselbe Hilflosigkeit angesichts ihrer übermächtigen Gefühle und Sehnsüchte. Eine anonyme Teenagerin beschrieb 1990 im *Guardian* die Höhen und Tiefen, den extremen Wechsel zwischen Liebe und Haß, die Selbstverachtung und Verwirrung, die junge Leute durchleben, wenn sie unglücklich verliebt sind:

«Mein Herz begann so wild zu klopfen, daß ich dachte, ich würde ohnmächtig werden... Ich hätte nie gedacht, daß man sich so fühlt, wenn man den Menschen sieht, den man liebt, aber wirklich, mir klopfte das Herz bis zum Hals, und ich brachte kaum einen Ton heraus. Ich bin jetzt noch ganz zittrig und aufgeregt; wenn ich nur an ihn denke, könnte ich losheulen.

Vielleicht ist es gar keine Liebe, doch eigentlich bin ich mir ziemlich sicher. Ich bin immer noch nicht über den Schmerz hinweg, den er mir zugefügt hat. Aber ich kann einfach nicht aufhören, ihn zu lieben. Was mir am meisten weh tut, ist, daß er mich nicht mag. Vielleicht gibt es irgendwann in ferner Zukunft noch einmal eine Chance für uns. Niemand kann meine Gefühle verstehen. Sie sagen, ich wäre noch ein Kind und viel zu jung für die Liebe. Aber das ist doch nur eine faule Ausrede. Auch ein Kind hat Gefühle. Ich liebe ihn. Wenn er nur wüßte, wie sehr ich ihn liebe.

Ich verstehe nicht, warum er mich nicht mag. Wahrscheinlich weil ich so dick und häßlich bin. Mama meint zwar immer, daß ich hübsch wäre und eine gute Figur hätte, aber wenn das stimmt, wieso findet er mich dann so abstoßend? Warum finden mich Jungen nur so abstoßend?... Er ist einfach toll! Ich liebe ihn so, wie er ist. Ich habe versucht, ihn zu vergessen und andere Jungen kennenzulernen, aber das ist sehr schwierig; jedesmal, wenn es drauf ankommt, mache ich einen Rückzieher, weil ich merke, daß ich ihn immer noch liebe. Ich habe versucht, ihn zu hassen, aber es geht einfach nicht. Ich werde ihn immer lieben.

Ich bin ihm völlig egal. Warum quäle ich mich so und schreibe das überhaupt auf? Ich hätte nie gedacht, daß Liebe so weh tun könnte. Wenn ich sehe, wie er mit anderen Mädchen flirtet und mich einfach links liegenläßt. Ich hätte nie gedacht, daß er mir so etwas antun würde... Die Tränen, die ich wegen ihm vergossen habe, könnten schon einen ganzen Ozean füllen... Ich bin in letzter Zeit so oft schlecht gelaunt, daß es schon meinen Eltern auffällt und sie mich fragen, was mit mir los ist... Ich würde es ihnen ja gerne erzählen, aber sie würden doch nur sagen, daß das nun mal zum Erwachsenwerden dazugehört, und es mit einem Achselzucken abtun. Sie verstehen mich eben nicht...»

Diese selbstquälerischen Gedanken spiegeln vermutlich die Empfindungen aller jungen Leute wider, die einmal verliebt waren und nicht wußten, ob ihre Gefühle erwidert wurden. Meist fühlt man sich dann unverstanden und allein und sieht keinen Weg, sich den Kummer von der Seele zu reden oder mit dem Problem auf andere Weise fertigzuwerden.

Obgleich für viele von uns die Erfahrung einer unglücklichen Liebe zum Erwachsenwerden gehört, so beschränkt sie sich keineswegs nur auf die Teenagerzeit oder die «erste große Liebe».

Gaynor

Nachdem sie ihr Pharmaziestudium abgeschlossen hatte, arbeitete Gaynor einige Jahre in einem Labor, bis ihr diese Tätigkeit schließlich zu eintönig wurde und sie sich nach einer neuen Herausforderung sehnte. Sie bekam eine Stelle in der PR-Abteilung eines internationalen Pharmakonzerns. Es war eine abwechslungsreiche Arbeit, bei der sie zudem viel auf Reisen war. Hier hatte sie auch Gelegenheit, andere Menschen kennenzulernen, was sie an ihrem alten Arbeitsplatz sehr vermißt hatte.

Sie war achtundzwanzig Jahre alt und hatte keinen festen Partner. Sie hoffte insgeheim, daß sie bald ihrem Märchenprinzen begegnen würde, der sie in ein neues, wunderbares Leben entführte. Dann lernte sie auf einer internationalen Konferenz Richard kennen. Er war Medizinjournalist bei einer renommierten Tageszeitung. Für sie war er der bestaussehendste Mann, dem sie je begegnet war.

Obwohl ihm der Ruf eines Frauenhelds vorausging, fühlte sich Gaynor geschmeichelt, als er eines Abends an die Tür ihres Hotelzimmers klopfte. Sie gingen miteinander ins Bett – und Gaynor fing sofort Feuer. Sie verliebte sich leidenschaftlich in ihn, während Richard distanziert blieb. Für ihn war es nur ein flüchtiges Abenteuer, und er verspürte nicht das geringste Bedürfnis nach Wiederholung.

Als Gaynor wieder zu Hause war, ging ihr Richard nicht mehr

aus dem Kopf. Sie rief bei seiner Zeitung an und lud ihn unter dem Vorwand, ihm eine ‹Story› zu liefern, zum Mittagessen ein. Sie fieberte dem Wiedersehen entgegen, hoffte, daß sie wieder zusammenkommen könnten. Doch er war nicht interessiert.

Nachdem sie den größten Schmerz überwunden hatte, ging Gaynor schließlich eine Beziehung mit einem Mann ein, der wie sie in der Werbeabteilung eines Pharmakonzerns arbeitete und den sie über ihre Arbeit kennengelernt hatte. Sie liebte ihn zwar nicht, verspürte aber den starken Wunsch nach einer eigenen Familie. Sie kauften sich ein Haus, bekamen zwei Kinder und gründeten gemeinsam eine Werbeagentur. Auf den ersten Blick sieht dies alles sehr positiv aus: Gaynor und Bill arbeiten zusammen, wechseln sich mit der Kinderbetreuung ab und besitzen ein florierendes Unternehmen.

Aber Gaynor, inzwischen achtunddreißig, möchte sich von Bill trennen. Er ist eben nicht Richard, ist nicht aufregend, sieht nicht gut aus – und vor allem kann sie Richard nicht vergessen. Außerdem leidet sie unter der Tatsache, daß Richard, nicht lange nachdem sie ihn kennengelernt hatte, seine Frau verließ und mit einer sehr attraktiven Kollegin zusammenzog. Seitdem fühlt sich Gaynor uninteressant, abgelehnt und farblos – und sagt, daß kein Tag vergeht, an dem sie sich nicht nach Richard sehnen würde, obwohl er sie so tief verletzt hätte.

«Wie kann ich nur von ihm loskommen?» fragt sie sich unglücklich.

Annabel

Als sie David begegnete, war Annabel Mitte dreißig, verheiratet und Mutter von zwei kleinen Kindern. Sie lernte David, ebenfalls verheiratet und Vater einer Tochter, durch ihren Mann kennen, der mit ihm in derselben Klinik arbeitete. Beide Familien waren eng befreundet. Annabel hatte wegen der Kinder ihre interessante Tätigkeit in einer Werbeagentur aufgegeben und begann, sich in ihrer

Rolle als Hausfrau und Mutter allmählich zu langweilen. Sie überlegte, ob sie wieder anfangen sollte zu arbeiten, möglicherweise halbtags, aber sie fürchtete, nach acht Jahren bereits den Anschluß verpaßt zu haben, und traute sich nicht zu, wieder in ihren alten Beruf einzusteigen.

Sie war eine äußerst attraktive und lebhafte Frau. Sie liebte ihren Mann Andrew schon lange nicht mehr und fragte sich immer häufiger, warum sie ihn eigentlich geheiratet hatte; wahrscheinlich, weil er, ganz im Gegensatz zu ihrem Vater, einem leidenschaftlichen Spieler, Wärme und Verläßlichkeit ausgestrahlt hatte. Aber David, der wie ihr Mann Arzt war, schien ganz anders zu sein.

Er war einen Meter neunzig groß und machte einen grüblerischen, leicht melancholischen Eindruck. Er schien zu den Männern zu gehören, die mühelos die Karriereleiter erklimmen. Tatsächlich wurde er bald medizinischer Gutachter. Und er fühlte sich ganz offensichtlich zu Annabel hingezogen. Sie begannen heimlich eine Affäre, und Annabel verliebte sich leidenschaftlich in ihn. Sie dachte Tag und Nacht an ihn, fand ihn jedoch nicht nur sehr anziehend, sondern fürchtete sich auch ein wenig vor ihm. Er hatte ein aufbrausendes Temperament und konnte manchmal richtig böse werden.

Annabel erklärte sich seine Launenhaftigkeit und seine Schweigsamkeit mit seiner Unzufriedenheit darüber, daß sie nicht öfter zusammensein konnten und an andere Partner gebunden waren. Aber sie hatte immer das Gefühl, daß sie mehr für David empfand als er für sie.

Schließlich jedoch besiegte ihre Leidenschaft alle Zweifel, und sie eröffnete Andrew, daß sie ihn verlassen würde. Die Scheidung wurde voller Erbitterung durchgefochten. Sie heiratete David und zog mit ihm in ein Haus, nicht weit von ihrer früheren Wohngegend entfernt. Davids Frau war außer sich und verweigerte ihm das Besuchsrecht für ihre gemeinsame Tochter.

Als Annabel und David mit der Realität des Alltags konfrontiert wurden, kühlten sich ihre Gefühle allmählich ab. Seitdem sind acht Jahre vergangen, und die beiden haben sich völlig auseinandergelebt. Annabel möchte sich scheiden lassen. Sie schreckt jedoch vor der Aussicht zurück, bereits zwei gescheiterte Ehen hinter sich zu haben. Da sie all ihre Energien darauf verwendet hatte, sich in David zu verlieben und mit ihm ein neues Leben aufzubauen, hatte sie ihre berufliche Zukunft völlig vernachlässigt. Sie fürchtet nun, daß ihre Chancen auf finanzielle Unabhängigkeit schlechter stehen denn je.

Die leidenschaftliche Liebe, die sie einst für David empfunden hatte, ist bitterer Enttäuschung gewichen. Heute weiß sie, daß sie sich damals in eine Wunschvorstellung, ein Traumbild verliebt hatte und nicht in den wirklichen Menschen. Als sie diesen kennenlernte, mußte sie feststellen, daß sie ihn nicht besonders mochte. Sie glaubt, daß David ihr seither sein wahres Wesen gezeigt hat – aber sie hat sich so abhängig von ihm gemacht, daß sie nicht weiß, wie sie sich von ihm lösen und ihr eigenes Leben führen soll. Sie sieht keinen Ausweg.

Die «andere Seite»

Natürlich sind an einer unglücklichen Liebesgeschichte immer zwei Menschen beteiligt – der leidenschaftlich Verliebte und die Person, der diese stürmischen Gefühle gelten. Letztere wurde in zahllosen Gedichten, Geschichten, Theaterstücken und Romanen als grausam, herzlos, rücksichtslos, amoralisch und berechnend dargestellt, als ein Mensch, dem das arme hilflose Geschöpf, das das Pech hatte, sich ausgerechnet in ihn zu verlieben, völlig gleichgültig läßt.

Aber stimmt das tatsächlich? Wie ist es denn wirklich, auf der «anderen Seite» zu stehen? Die folgenden beiden Geschichten zeigen, daß es durchaus keine angenehme Erfahrung sein muß – sondern sogar beängstigend und verwirrend sein kann – der Geliebte und nicht der Liebende zu sein.

Adam

In den Augen seiner Freunde war Adam ein interessanter, geistreicher und amüsanter Zeitgenosse. Nachdem er seine Schauspielausbildung abgeschlossen hatte, versuchte er ein paar Jahre lang, in seinem Beruf zu arbeiten. Da es jedoch kaum Engagements gab, beschloß er, noch einmal auf die Universität zu gehen und Englisch und Theaterwissenschaft zu studieren. Während des Studiums begann er, Stücke zu schreiben, die von der Theatergruppe der Universität aufgeführt wurden.

Adam war dreißig Jahre alt und hatte keine feste Partnerin. Er hatte nie heiraten wollen, und seine bisherigen Beziehungen waren kurz und unbefriedigend gewesen. Doch als nach und nach all seine Freunde heirateten und eine Familie gründeten, begann Adam sich ausgeschlossen zu fühlen und fürchtete, etwas zu versäumen. Vor allem wünschte er sich ein Kind.

Schließlich lernte er an der Universität die gleichaltrige Rebecca kennen. Nach einigen Jahren als Lehrerin an einer höheren Schule hatte sie etwas Neues ausprobieren wollen und sich im Fachbereich Frauenstudien eingeschrieben. Sie interessierte sich außerdem für Theater und Literatur. Kurz nachdem sie Adam kennengelernt hatte, verliebte sie sich unsterblich in ihn.

Er erzählt: «Sie war so vernarrt in mich, obwohl ich gar nichts für sie empfand. Was ich auch tat, Rebecca schien mir auf Schritt und Tritt zu folgen. Sie war schon einmal kurz verheiratet gewesen, was wohl keine sehr schöne Erfahrung gewesen war. Ich habe mich wohl durch ihr Interesse geschmeichelt gefühlt, und irgendwie tat sie mir dann auch leid. Ich wünschte mir so sehr, sie lieben und ihre starken Gefühle erwidern zu können, aber es gelang mir einfach nicht.

Trotzdem kamen wir uns näher, faßten Vertrauen zueinander, und irgendwann zogen wir zusammen.» Nachdem beide ihr Studium abgeschlossen hatten, heirateten sie. Adam war mittlerweile fünfunddreißig und wünschte sich mehr denn je ein Kind, aber Rebecca konnte sich nicht dazu entschließen. Eines Tages änderte sie schließlich ihre Meinung, und drei Jahre später bekamen sie eine Tochter.

Rebecca unterrichtete wieder an einer Schule, während Adam sich als Bühnenautor durchzuschlagen versuchte. Mittlerweile sind Adam und Rebecca dreiundvierzig und geschieden. Er sagt: «Ich verstehe es nicht. Sie war so verrückt nach mir – ich dachte, daß sie mich um jeden Preis wollte. Aber nicht lange nachdem unsere Tochter Ingrid zur Welt gekommen war, begann sie sich zu verändern.

Sie warf mir vor, daß ich die Familie nicht richtig ernähren könnte, daß ich sie gezwungen hätte, viel zu früh wieder arbeiten zu gehen, und daß ich nie erwachsen werden würde. Außerdem hielt sie mir vor, daß ich sie nie wirklich geliebt hätte, daß ich mit ihr sprechen würde, als sagte ich einen Text auf, und daß ich zu echten Gefühlen nicht fähig wäre.

Ihre Liebe hatte sich in Haß verwandelt, und seit wir geschieden sind, spricht sie nur noch mit mir, wenn es sich gar nicht vermeiden läßt. Sie hat mir gegenüber noch immer starke Gefühle – aber es ist, als hätten sie sich ins Gegenteil verkehrt. Ich fühle mich schuldig, weil ich sie nie so lieben konnte, wie sie mich liebte – aber jetzt frage ich mich, ob es überhaupt Liebe war. Zeitweise hatte ich das Gefühl, von ihrer Liebe erdrückt und völlig vereinnahmt zu werden.»

Weder Rebecca noch Adam haben wieder geheiratet, und Adam meint, daß Rebecca keinen dritten Anlauf mehr wagen wird. Er ist sich sicher, daß es Rebecca trotz allem noch einmal mit ihm versuchen würde – unter gewissen Voraussetzungen natürlich. «Aber ich würde unter keinen Umständen wieder mit ihr zusammenleben wollen», sagte er. «Sie wollte mich an die Kette legen. Sie hatte nie Lust, mit mir auszugehen. Sie schien mich ganz für sich allein haben zu wollen – und hatte anscheinend auch Angst, daß sich ein gemeinsames Kind zwischen uns drängen würde.

Aber als sie Ingrid bekam, entdeckte ich an ihr ganz mütterliche Seiten. Ich versteh das alles einfach nicht.»

Brigid

Als Hans in ihr Leben trat, war Brigid sechsundvierzig, geschieden und Mutter zweier erwachsener Kinder. Er war fünfzig, ein sehr erfolgreicher Geschäftsmann und ebenfalls geschieden.

Brigid, die als Beraterin für Krebskranke arbeitet, erzählt: «Irgendwann ist man nur noch schrecklich verwirrt. Es scheint, als könnte man tun, was man will, die Besessenheit läßt sich durch nichts beeinflussen. Als ich merkte, daß sich Hans für mich interessierte, konnte ich es kaum glauben. Schließlich war ich keine besonders interessante Frau, während er ein sehr gebildeter, weitgereister, sprachgewandter und weltoffener Mann war. Ich war nicht mehr jung, nicht besonders hübsch, und Geld hatte ich auch keins.

Er war ein interessanter Mensch, hochintelligent und sehr attraktiv. Nach unserer ersten Verabredung gingen wir etwa drei Monate lang regelmäßig zusammen aus; er lud mich ein, schickte mir Blumen und war ein perfekter Gentleman. Er versuchte kein einziges Mal, mich zu verführen, sprach auch nie vom Zusammenziehen oder gar Heiraten.

Dann fragte er mich eines Tages, ob ich mit ihm übers Wochenende nach Holland, seine Heimat, fahren wollte. Zuerst lehnte ich aber, aber dann sagte er: ‹Du kannst mir absolut vertrauen.› Ich dachte: ‹Nun ja, er hat nie mit mir schlafen wollen.› Also sagte ich zu. Wir nahmen das Schiff, und er zeigte mir die Kabine. Sie war riesig, und mir rutschte das Herz in die Hose. ‹Aha, das ist es also›, dachte ich, ‹hat er mich doch drangekriegt.›

Er mußte meine Gedanken gelesen haben, denn er sagte: ‹Nein, das ist *dein* Zimmer. Meins ist weiter vorn im Gang.› Dann faßte ich wieder Vertrauen zu ihm. Wir aßen zusammen zu Abend, und danach brachte er mich zu meiner Kabine. Er kam mit hinein und sagte, daß er mich nicht anrühren würde, wenn ich es nicht wollte.

Natürlich landeten wir zusammen im Bett – und er war ein wunderbarer Liebhaber. Aber wir schliefen trotzdem in getrennten Zimmern. Zuhause rief er mich täglich an. Er sagte immer wieder: ‹Mich wirst du so schnell nicht mehr los.›

Nach einiger Zeit wurde mir klar, daß er total auf mich fixiert war. Ich war sehr verwirrt und verunsichert und versuchte ein paarmal, mich von ihm zu trennen, aber jedesmal flehte er mich an, zu ihm zurückzukehren. Er schwor mir ewige Liebe, und ich zweifelte nie daran, daß er mich wirklich liebte, obwohl es mir nicht wie Liebe vorkam. Es war etwas ganz Seltsames, das ich nicht einordnen konnte.

In den drei Jahren, die wir schließlich zusammen waren, normalisierte sich die Situation nicht. Manchmal sprach er kein Wort mit mir – er war sehr launisch –, und dann wieder war er übertrieben schuldbewußt und bat mich reumütig um Verzeihung.

Das Komische war», erzählt Brigid, «daß er nicht besonders eifersüchtig war. Er zeigte mich stolz vor und fühlte sich geschmeichelt, wenn sich andere Männer für mich interessierten. Aber er wollte mich kontrollieren. Einmal sagte er zum Beispiel, daß er mich am liebsten irgendwo einsperren würde, um mich ganz für sich allein zu haben. Und er wiederholte oft: ‹Wir gehören zusammen.› Als wäre ich überhaupt kein eigenständiges Wesen.

Es nahm ein schlimmes Ende. Ich konnte seine Art einfach nicht mehr ertragen und sagte ihm, daß es vorbei wäre. Daraufhin begann er mir zu drohen, und ich bekam Angst – ich lebe ja allein. Eines Tages entdeckte ich nach der Arbeit, daß sich jemand an meinem Auto zu schaffen gemacht hatte, und ich wußte, daß er es gewesen war.

Der Arzt, für den ich arbeite, benachrichtigte die Polizei. Hans wurde festgenommen. Ich setzte eine gerichtliche Verfügung durch, und er wurde ein paar Stunden in eine Zelle gesperrt. Solange die Verfügung andauerte, meldete er sich kein einziges Mal bei mir, aber dann begann er, mir wieder zu schreiben.

Er tat mir leid, und ich hatte Schuldgefühle, weil ich ihm offenbar sehr wehtat. Ich begann mich um ihn zu sorgen, machte mir Gedanken wegen der Seelenqualen, die er meinetwegen durchlitt. Ich traf mich danach ein paarmal mit ihm, sagte ihm aber jedesmal klipp und klar, daß ich nicht wieder zu ihm zurückkehren würde.

Und vor kurzem rief er mich aus dem Krankenhaus an und erzählt mir, daß er Krebs hätte. Ich besuchte ihn und kümmerte mich dann um eine Betreuung für ihn, aber ich ging nicht wieder hin. Als Beraterin tue ich das schließlich für jeden, aber natürlich fühle ich mich in diesem Fall schrecklich schuldig, weil er wegen seiner zwanghaften Liebe zu mir krank wurde; sicherlich wollte er mich damit bestrafen.

Als ich ihn fragte, was ihn an mir so angezogen hätte, antwortete er: ‹Deine Stimme.› Ich glaube auch, daß er mich wegen meines Berufes für einen besonders einfühlsamen Menschen hielt. Vielleicht sah er in mir sogar eine Art Mutterersatz – er hatte seine Mutter sehr früh verloren.»

Dies sind die leidvollen Erfahrungen ganz «gewöhnlicher» Menschen, die gegen ihren Willen Opfer einer Leidenschaft wurden, die sie nicht verstanden und die sie alles andere als glücklich machte. Sie brachte ihnen nichts als Enttäuschung, Angst und Schmerzen. Keiner der Betroffenen erlebte eine ausgewogene, innige Beziehung. Stets empfand der Liebende eine unstillbare Sehnsucht und der Geliebte bestenfalls Schuldgefühle und schlimmstenfalls Gleichgültigkeit. Keiner von beiden fühlte sich wohl in seiner Rolle, keiner konnte zum anderen echte Nähe herstellen.

Wie Brigid es bereits beschrieb, empfindet es die geliebte Person nie wie Liebe, auch wenn sie die Aufrichtigkeit und Echtheit der Gefühle des anderen nicht anzweifelt.

Berühmte Fälle von zwanghafter Liebe

Wie ich bereits erwähnte, gehörte zwanghafte Liebe von jeher zu den Lieblingsthemen von Schriftstellern, Dramatikern und Lyrikern. Aber auch sie konnten ebenso wie «gewöhnliche» Menschen in den Bann dieser alles beherrschenden Leidenschaft geraten. Dank ihres künstlerischen Schaffens können wir in ihren Werken nachlesen, wie es ist, hoffnungslos verliebt zu sein, und uns fragen, ob wir diese Erfahrung auch schon einmal gemacht haben.

Charlotte Brontë

Einer der berühmtesten «wahren» Fälle ist die unglückliche Liebesgeschichte Charlotte Brontës, die sich unsterblich in ihren Lehrer Constantin Heger verliebte, als sie mit ihrer Schwester Emily in Brüssel ein Pensionat besuchte. Charlotte und Emily, die beide Mitte zwanzig waren, wollten ihrer Bildung den «letzten Schliff» geben, um dann im Pfarrhaus ihres Vaters in Haworth eine eigene Schule einzurichten.

Nach einem Jahr flüchtete Emily jedoch zurück in ihre Heimat und ließ ihre zähere und abenteuerlustigere Schwester allein zurück. Charlotte setzte ihr Studium fort und verliebte sich immer leidenschaftlicher in Monsieur Heger, der an dem Institut, das seine Frau Zoë leitete, unterrichtete. Madame Heger merkte bald, was vor sich ging, und obwohl sie wahrscheinlich nicht ernstlich befürchtete, daß ihr Mann Charlottes leidenschaftliche Gefühle erwidern könnte oder ihr gar untreu würde, entzog sie ihr nach und nach, was zu den Höhepunkten von Charlottes Leben im Pensionat gehört hatte: den wöchentlichen Englischunterricht bei ihrem Professor.

Als die Hegers ihre alljährliche Urlaubsreise antraten und Charlotte im Pensionat mehr oder weniger sich selbst überlassen war, brach sie völlig zusammen, konnte nichts mehr essen und nachts nicht mehr schlafen. In ihrer Not suchte sie schließlich einen katholischen Priester auf – wie den meisten Protestanten zu jener Zeit war ihr alles «Römisch-Katholische» oder «Papistische» ein Greuel – aber wem sollte sie sich sonst anvertrauen? Sie ging in die Kathedrale von St. Gudule und setzte sich in einen Beichtstuhl. Aber die Beichte – falls Charlotte ihre «verbotene» Liebe zu einem verheirateten Mann überhaupt gestand – schien ihr nicht sehr zu helfen.

Am Neujahrstag 1844 kehrte sie nach Haworth zurück. Doch dort begannen erst die Seelenqualen, die sie in ihrem Roman *Villette*, in dem Lucy Snowe ihrem attraktiven Lehrer Paul Emanuel verfällt, eindringlich beschrieben hat.

Charlotte begann ihrem ehemaligen Lehrer wie besessen Briefe zu schreiben und wartete ungeduldig darauf, daß ihr der Postbote die ersehnte Antwort Hegers brachte. Anfangs schrieb er ihr sogar ein paar eilige Zeilen, aber dann schien ihn die Schreibwut und der schwärmerische Ton seiner ungewöhnlichen Schülerin so zu irritieren, daß er nicht mehr reagierte. Er hatte ihr bereits angedeutet, daß sie sich in ihren Briefen nur über Familienangelegenheiten und neutrale Themen auslassen sollte. Vielleicht ahnte er, daß die Gefühle, die seine begabte Schülerin für ihn hegte, sich für ein Lehrer-Schüler-Verhältnis nicht geziemten.

Als Charlottes Briefe immer leidenschaftlicher wurden, schien Heger sie nur noch überflogen, zerknüllt und in den Papierkorb geworfen zu haben. Doch Madame Heger fischte sie jedesmal wieder heraus und hob sie auf, möglicherweise weil sie Charlottes schriftstellerisches Talent erkannte und vermutete, daß die Briefe eines Tages von beachtlichem Wert sein könnten. Heute sind sie natürlich unbezahlbar.

In einem Brief, den Zoë Heger sorgsam aufbewahrt hatte, schlug Charlotte alle Vorsicht in den Wind und schrieb: «Tag und Nacht finde ich keine Ruhe, keinen Frieden. Wenn ich einschlafe, dann quälen mich schreckliche Träume, in denen ich Sie jedesmal streng, jedesmal ernst, jedesmal erzürnt sehe.» Selbst dieses Bekenntnis löste nicht die ersehnte Reaktion aus, und allmählich mußte Charlotte einsehen, daß die Situation hoffnungslos war. Allmählich schien sie ihren Liebeskummer zu überwinden und heiratete schließlich den Hilfsgeistlichen ihres Vaters, Arthur Bell Nicholls. Sie wurde außerdem eine der erfolgreichsten Schriftstellerinnen ihrer Zeit. Ihr Roman *Jane Eyre* wurde auf Anhieb ein Bestseller.

Es gibt zahlreiche Biographien über Charlotte Brontë – ihr Leben in Haworth stößt nach wie vor auf reges Interesse – aber es scheint mir, daß die meisten Biographen und Brontë-Fans die Bedeutung von Charlottes übersteigerter Liebe zu Heger unterbewerten, was der allgemein üblichen Verharmlosung des Phänomens entspricht. Natürlich mußte sie in ihrem Leben viele leidvolle Erfahrungen machen – der Tod ihres Bruders und zweier Schwestern und eine sehr späte erste Schwangerschaft im Alter von achtunddreißig Jahren, nach ihrer Heirat mit Nicholls. Aber ich bin sicher, daß die zwanghafte Liebe zu Heger bei ihr ein tiefes und dauerhaftes Trauma hinterließ, das für ihren frühen Tod mitverantwortlich war.

Elizabeth Smart

Die amerikanische Autorin des Buchs *By Grand Central Station I Sat Down and Wept* war viele Jahre leidenschaftlich in den Dichter George Barker verliebt, mit dem sie vier Kinder hatte. Sie wurde 1913 als Tochter eines Diplomaten geboren und wuchs in begüterten Verhältnissen auf, so daß sie nie darauf angewiesen war, sich ihren Lebensunterhalt zu verdienen. Sie verspürte schon sehr früh den Wunsch, Schriftstellerin zu werden. Sie verliebte sich in Barker – lange bevor sie ihn persönlich kennenlernte –, als ihr in London einige seiner Gedichte in die Hände fielen. Barker, der wie Smart damals siebenundzwanzig Jahre alt war, hatte bereits mehrere Gedichtbände veröffentlicht und arbeitete als Dozent in Japan. Als er nach einer neuen Beschäftigung suchte, konnte ihm Elizabeth dank ihrer guten Beziehungen eine Stelle in den Vereinigten Staaten vermitteln.

Es gab nur ein großes Problem: Er war verheiratet. Trotzdem begannen die beiden einige Wochen, nachdem sie sich kennengelernt hatten, eine Affäre, und bald darauf war Elizabeth schwanger. Ihre Tagebücher, die sie 1991 unter dem Titel *Necessary Secrets* veröffentlichte, schildern die Entwicklung dieser Beziehung.

Wie in den meisten – wenn nicht allen – Fällen von zwanghafter Liebe, erwiderte Barker Elizabeths leidenschaftliche Gefühle nicht, obwohl er an seiner attraktiven, einflußreichen Geliebten, die so vernarrt in ihn war, zweifellos hing. Aber er kehrte immer wieder zu seiner Frau Jessica zurück, worauf Elizabeth jedesmal mit heftigen Eifersuchtsanfällen reagierte.

In einer sehr düsteren Passage in einem ihrer Tagebücher heißt es:

«Vielleicht bin ich seine Hoffnung. Aber sie ist sein Leben. Und wenn sie bei ihm ist, kann ich es nicht sein. Deshalb gibt es mich nicht, und ich frage mich, warum noch niemand bemerkt hat, daß ich tot bin, und sich die Mühe gemacht hat, mich zu beerdigen.

Selbst in tiefster Verzweiflung vermag ich nicht den letzten Schritt zu gehen und den Tod zu wählen, sondern winde mich vor Schmerzen oder vergieße Tränen der Schwäche.

Er ist nicht bei mir, weil er seine Nächte mit ihr verbringt. Diese Mauer trennt uns, trennt uns von wahrer Hingabe, wahrer Liebe.

Wie kann er von kleinen Qualen sprechen? Dauerte die Kreuzigung nicht auch nur drei Tage? Erscheinen ihm die qualvollen Tage so kurz, daß er von klein spricht, oder gibt es vielleicht noch Hoffnung? Wie kann etwas so Großes, Überwältigendes klein sein? Er quält mich ohne jeden Grund und ahnt nicht, wie tief und schmerzhaft meine Wunden sind.

Ich las Troilus und Cressida und andere Geschichten über die Liebe. Allein das Wort läßt mich erschauern. Solange ich nicht von ihr erfüllt, beseelt, berauscht bin, ist die Welt und alles andere um mich herum farblos und ohne Sinn, und die Tage luftlose Sphären, die selbst Astronomen Rätsel aufgeben würden.»

Kathleen Raine

Die Geschichte der Dichterin Kathleen Raine bestätigt, daß man nicht unbedingt jung sein muß, um einer zwanghaften Liebe zum Opfer zu fallen. Sie war beinah vierzig, als sie sich in den adligen Abenteurer Gavin Maxwell verliebte, den Autor von *Ring of Bright Water*.

Kathleen Raine lernte Maxwell kennen, als sie sich gerade von einem Nervenzusammenbruch und zwei gescheiterten Ehen erholte. Für sie sah er wie ein «blinder Vogel» aus – er trug immer eine dunkle Brille –, und als sie sich in der Wohnung einer Londoner Freundin zum ersten Mal begegneten, hatte sie das sichere Gefühl von einer schicksalhaften Begegnung. Wie sie in ihrem Buch *The Lion's Mouth*, das ihre Liebesbeziehung schildert, schreibt, suchte sie keinen Liebhaber, und Gavin sollte es auch nie werden. Sie hoffte, daß «das, was zwischen uns begann, etwas Einzigartiges war». Sie war überzeugt davon, daß sie in einem früheren Leben Geschwister gewesen waren, so stark empfand sie ihre Seelenverwandschaft.

Das Problem war, daß Maxwell ihre Gefühle nicht teilte. Zuerst kam ihm Kathleen recht gelegen, doch schon bald wurde er ihrer überdrüssig. «Ich liebte Gavin von ganzem Herzen», schrieb Kathleen – aber er verhielt sich ihr gegenüber gleichgültig. Er war homosexuell und hatte Kathleen gleich zu Anfang darüber aufgeklärt, daß eine sexuelle Beziehung für ihn nicht in Frage käme.

Kathleen versuchte, sich unentbehrlich zu machen; Gavin sollte ohne sie nicht leben können. Während sie mit ihm auf der schottischen Insel Sandaig wohnte, brachte er einmal einen Freund mit, worauf sie mit heftiger Eifersucht reagierte. Sie fühlte sich ausgeschlossen und übergangen. In ihrer Verzweiflung lief sie zu seinem Lieblingsbaum, einer Eberesche, und stieß laute Verwünschungen gegen ihn aus. Sie schrieb:

«Weinend legte ich meine Hände auf den Stamm und flehte den Baum um Gerechtigkeit an: ‹Laß Gavin genauso leiden, wie ich jetzt leide.› Ich war völlig außer mir – der Schmerz durchfuhr mich mit der geballten Wucht und gleißenden Schärfe eines Blitzes –, als ich diesen schrecklichen Fluch ausstieß. Und ich lief den Hügel zu unseren Nachbarn Mary und John hinauf, während der Schmerz wie ein Dolch mein Herz durchbohrte.»

Einige Tage später hatte sich ihre Verzweiflung gelegt, aber sie war überzeugt davon, eine Folge von Ereignissen in Gang gesetzt zu haben, die nicht mehr aufzuhalten war. Gavin Maxwell sah es zweifellos so. Als er ihr Manuskript von *The Lion's Mouth* durchlas, stieß er auf die Beschreibung ihrer leidenschaftlichen Verwünschung und machte sie dafür verantwortlich, daß seitdem in seinem Leben nichts mehr richtig funktionierte. Sieben Jahre danach starb er an Krebs.

Kathleen Raine schrieb einmal, daß sie, seit sie Gavin kennengelernt hatte, mit keinem anderen Mann geschlafen hatte. Bis auf jene gemeinsame, wenn auch enthaltsame Nacht mit Gavin, hatte sie jede Nacht allein verbracht. Nachdem sie den Tod seines berühmten Otters Mijbil, um den sie sich auf Sandaig kümmern sollte, mitverschuldet hatte, zog sich Gavin völlig von ihr zurück.

Danach gefragt, ob sie Gavin Maxwell gekannt habe, leugnete sie es auch Jahre später noch. Maxwell hatte sich selbstverständlich nie öffentlich zu seiner wie auch immer gearteten Beziehung zu Kathleen Raine bekannt, außer, daß er einmal eine «Dichterin» erwähnt hatte, die ihn mit einem Fluch belegt hätte. In *Raven Seek Thy Brother* schrieb er, daß er nicht begreifen könnte, was sie damals zu diesem Ausbruch bewegt haben könnte.

Drei berühmte Schriftstellerinnen – drei berühmt gewordene, tragische Liebesgeschichten. Ihre leidenschaftlichen Gefühle galten sehr anziehenden und ungewöhnlichen Männern und bereiteten ihnen letztlich weit mehr Schmerzen und Kummer als Erfüllung. Eigentlich erlebten sie mit den von ihnen geliebten Männern nur wenige glückliche Momente – unglückliche, verzweifelte dagegen viele.

Carrington

Die Beziehung zwischen Dora Carrington (meist nur unter ihrem Nachnamen bekannt) und dem Schriftsteller Lytton Strachey – beide gehörten der legendären «Bloomsbury Group» an – stellte eine besondere Variante zwanghafter Liebe dar. Strachey, ein erklärter Homosexueller, verliebte sich in den jungen Schriftsteller Ralph Partridge. Um Strachey nahe zu sein, heiratete Dora Carrington Partridge, und einige Jahre lebten die drei in einer höchst ungewöhnlichen *ménage à trois*.

Dora Carrington, die ein maskuliner Frauentyp war, soll bei verschiedenen Gelegenheiten erwähnt haben, daß sie sich nichts aus Sex machte. Ihre Ehe mit Partridge war höchstwahrscheinlich platonischer Natur. Strachey hingegen hatte sich offenbar von ihrer burschikosen Art angezogen gefühlt und sich ihr sexuell genähert. Von da an war Dora Carrington ihm verfallen. Sie war leidenschaftlich in ihn verliebt und blieb es bis zu seinem Tode. Als Strachey starb, wollte auch sie nicht mehr leben. Einige Wochen später nahm sie sich mit einer Pistole das Leben.

Ruth Ellis

Die letzte Frau, die man in Großbritannien hängte, wurde Opfer ihrer zwanghaften Liebe zu David Blakely, einem gutaussehenden, trinkfreudigen, wohlhabenden Taugenichts, den sie in der Bar, deren Besitzerin sie war, kennengelernt hatte.

Ruth war damals Mitte Zwanzig und hatte zwei Kinder von verschiedenen Männern. Sie war mit einem alkoholsüchtigen Arzt verheiratet, den sie jedoch kaum zu Gesicht bekam. Als sie dem dreiundzwanzigjährigen Blakely begegnete, war es Liebe auf den ersten Blick.

Das Ende der Beziehung ist allgemein bekannt. Am Ostersonntag, dem 11. April 1955, feuerte Ruth Ellis im Magdala Pub in Hampstead – halb wahnsinnig vor Schmerz und Enttäuschung, noch unter dem Schock einer Abtreibung stehend, von Alkohol und Tabletten benommen – sechs Kugeln auf David Blakely ab.

Blakely hatte wie so viele junge Männer, die vage spüren, daß sie das Objekt einer Obsession geworden sind, versucht, sich von Ruth zurückzuziehen. Er traf sich mit anderen Frauen, beendete die Beziehung zu Ruth und überlegte es sich dann wieder anders. Wie viele junge Männer fand auch er die schlanke, junge Blondine äußerst attraktiv; eine Frau, die aus einer Arbeiterfamilie stammte, sich jedoch den Anschein von Vornehmheit und Kultiviertheit zu geben versuchte.

Ihre Obsession hielt bis zum Tage ihrer Hinrichtung unvermindert an, obwohl sie bei ihrer Verhandlung auf die Frage, ob sie ihn denn «so sehr geliebt hätte», geantwortet hatte: «Nein, eigentlich nicht» – eine Aussage, die, ganz gleich, was sie danach noch sagte oder tat, ihr Schicksal endgültig besiegelte. Ruth wollte offenbar nicht mehr weiterleben, nachdem sie David getötet hatte. Obwohl sie so unter ihrem Geliebten gelitten hatte, kam sie offenbar nicht von ihm los. Sie begann unmäßig zu trinken, um sich zu betäuben und ihre leidenschaftlichen, unerwiderten Gefühle zu überwinden.

Man könnte aus den geschilderten Fällen durchaus schließen, daß Frauen eher dazu neigen, sich zwanghaft zu verlieben, als Männer.

Dies ist wahrscheinlich richtig; auf die Gründe werde ich in den folgenden Kapiteln näher eingehen. Aber auch Männer können einer alles beherrschenden Leidenschaft verfallen, wie sich an Brigids Geschichte zeigte.

Eines der berühmtesten männlichen Opfer zwanghafter Liebe war der Prinz von Wales und spätere König Edward VIII., der sich leidenschaftlich in die zweimal geschiedene Wallis Simpson verliebte. Als der Prinz sie kennenlernte, war Wallis weder jung noch schön, aber äußerst elegant und von burschikosem Auftreten. Sie war Amerikanerin, bürgerlicher Herkunft und schon deshalb eine ganz und gar unpassende Wahl. Doch der Prinz war fest entschlossen, sie zu heiraten. In der neusten Biographie von Philip Ziegler heißt es, daß der Herzog von Windsor während ihrer ganzen vierunddreißigjährigen Ehe so fixiert auf Wallis war, daß er sie nie aus den Augen ließ, besorgt und unglücklich war, wenn er nur einen Tag von ihr getrennt war.

Für Edward gab es nicht den geringsten Zweifel: Er wollte die Frau seiner Träume um jeden Preis, selbst wenn es ihn den Thron kostete.

Immer wenn zwanghafte Liebe im Spiel ist, sind Vernunft und Logik außer Kraft gesetzt. Aber warum eigentlich? Warum quälen wir uns selbst, indem wir jemanden lieben, der unsere Gefühle nicht erwidert, weil er bereits vergeben ist, homosexuell, verheiratet oder völlig unerreichbar – oder in jemanden, der, objektiv gesehen, überhaupt nicht zu uns paßt? Warum verlieben wir uns in Menschen, die uns nicht glücklich, sondern – meist ohne es zu wollen – traurig und unglücklich machen? Ein seltsames, rätselhaftes Phänomen.

Im folgenden Kapitel werde ich einige Faktoren vorstellen, die dazu führen können, daß wir uns auf oft schädliche Weise in leidenschaftliche Gefühle verrennen, obwohl – oder gerade weil – sie nicht erwidert werden.

3 Ursachen und Folgen

Zwanghafte Liebe ist allem Anschein nach eine höchst destruktive Leidenschaft ohne realistisches Ziel und selten mit einem glücklichen Ausgang. Sie ist für die von ihr Besessenen alles andere als eine erfreuliche oder bereichernde Erfahrung. Aber wie entstehen diese übersteigerten Gefühle? Warum sind sie so extrem? Warum können wir sie nicht kontrollieren? Ich hoffe, daß die Antworten dieses Kapitels all jenen, die eine zwanghafte Liebe durchlitten haben oder gerade durchleiden, wichtige neue Aufschlüsse geben.

Verschiedene Arten der Obsession

Die Begriffe «Obsession» oder «Besessenheit» werden in unserem heutigen Sprachgebrauch sehr lax gehandhabt. Sie werden oftmals benutzt, um eine besondere Vorliebe für etwas zu beschreiben. Wir sagen zum Beispiel, daß jemand völlig «besessen» von Fußball oder Tennis ist oder «wie besessen» Bilder von Prinzessin Diana sammelt. Wenn man englische Schulmädchen nach ihren Hobbies befragt, bekommt man häufig «Prinzessin Diana» zu hören. Die Mädchen erzählen, sie seien ganz «vernarrt» in sie, meinen damit aber eigentlich nur, daß sie ein brennendes Interesse am glanzvollen Leben der Frau des zukünftigen Königs von England haben.

«Obsession» ist auch der Name eines neuen amerikanischen Parfüms. Die Hersteller müssen wohl davon ausgegangen sein, daß das Wort positive Assoziationen weckt. Ganz sicher hätten sie es nie «Paranoia» oder «Psychose» getauft – zwei Phänomene, die mit zwanghafter Liebe einhergehen können.

Ich halte es für wichtig, daß man zwischen verschiedenen Arten der Obsession unterscheidet, da nicht alle etwas mit zwanghafter Liebe zu tun haben müssen. Zunächst einmal gibt es Menschen, die so vernarrt in ihr Hobby oder ein Interesse sind, daß es zur wichtigsten Sache in ihrem Leben, wenn nicht gar zum Lebensinhalt wird. Es gibt da beispielsweise die leidenschaftlichen Vogelliebhaber, die keine Kosten und Mühen scheuen, um in einem fernen Winkel des Landes einen bestimmten Vogel auf einem Baum zu beobachten. Die Vogelkundler verfügen über ein gut funktionierendes Kommunikationsnetz, so daß sie sich umgehend über die Entdeckung einer seltenen Vogelart informieren können. Seit der Einführung von Heimcomputern gibt es immer mehr Menschen, die wie hypnotisiert vor ihren Bildschirmen sitzen, programmieren oder spielen, dabei jedes Zeitgefühl verlieren und ihre Umgebung völlig vergessen. Andere wiederum können richtig süchtig nach Jogging, Fitneßtraining, Segeln oder irgendeiner anderen Sportart werden, so daß sich ihr Leben nur noch um diese eine Aktivität dreht.

Dann gibt es natürlich Menschen, die unter echten Zwangsneurosen leiden, die beispielsweise den Drang verspüren, sich ständig die Hände zu waschen oder nachzusehen, ob auch überall das Licht ausgeschaltet ist, oder eine Reihe von ritualisierten Handlungen ausführen, bevor sie aus dem Haus gehen. In manchen Fällen wirken die Zwänge so stark, daß die Betroffenen ihre vier Wände überhaupt nicht mehr verlassen – denn die Rituale, die sie sich tagtäglich auferlegen, wie beispielsweise die Armlehne eines bestimmten Sessels zu berühren, dann vier Schritte nach rechts und vier nach links zu gehen, nehmen viele Stunden in Anspruch.

Dann gibt es jene, die so für einen Popmusiker oder Filmstar schwärmen, daß ihre Wohnungen mit Postern und Andenken überladen sind. Sie verbringen ihre ganze Freizeit damit, ihrem Idol nah zu sein, besuchen möglichst jedes Konzert oder jede Filmvorstellung. Es gibt zum Beispiel auch Menschen, die die britische Königsfamilie so leidenschaftlich verehren, daß sie versuchen in ihre Häuser, ja sogar Schlafzimmer, vorzudringen.

Während diese Verirrungen ein Fall für den Psychologen sein können, so ist die leidenschaftliche, einseitige Liebe für jemanden, der zumindest theoretisch unsere Gefühle erwidern könnte, ein faszinierendes und zugleich rätselhaftes Phänomen.

Vogelnarren und Computerfreaks sind häufig äußerst introvertierte, zurückhaltende und ruhige Menschen, denen es schwerfällt, mit ihren Mitmenschen in Kontakt zu treten. Zwangsneurotiker wiederum leiden unter einer schweren psychischen Erkrankung, die, so vermutet man, durch extreme Angst ausgelöst wird. Es handelt sich meist um sehr scheue, ängstliche und schüchterne Menschen, die sich durch sinnlose, ritualisierte Handlungsmuster unbewußt davor schützen, sich mit der Außenwelt konfrontieren oder für sich selbst Verantwortung übernehmen zu müssen. Die schmachtenden Fans von Rockmusikern oder Filmstars und die glühenden Verehrer der britischen Königsfamilie richten ihre Gefühle auf Menschen, denen sie höchstwahrscheinlich nie persönlich begegnen werden. Statt sich auf Menschen ihrer Umgebung einzulassen, flüchten sie sich in eine irreale Wunschbeziehung und setzen all ihre Energien ein, um einem für immer unerreichbar bleibenden Menschen nah zu sein.

Dagegen handelt es sich bei jenen, die einer zwanghaften Liebe zum Opfer fallen, zumeist um extrovertierte, resolute, interessante und zielstrebige Menschen, die an sich durchaus in der Lage sind, ausgeglichene und harmonische Partnerschaften einzugehen – deren Beziehungen jedoch häufig über Jahre oder gar Jahrzehnte hinweg immer wieder scheitern, weil sie einen ganz bestimmten Menschen auf ganz spezielle Weise liebten oder noch lieben. Während Menschen, die von ihrem Hobby besessen sind, möglicherweise eine ganz bestimmte Persönlichkeitsstruktur aufweisen, die Freud als anal fixiert bezeichnete, und Zwangsneurotiker unter einer diagnostizierbaren psychischen Erkrankung leiden, scheinen die Opfer einer zwanghaften Liebe häufig ganz normale Menschen zu sein – das heißt, bis zu dem Zeitpunkt, an dem sie von der alles beherrschenden Leidenschaft überfallen werden.

Zwanghafte Liebe –
eine Art geistiger Verwirrung?

Solange wir unter dem Bann einer zwanghaften Liebe stehen, befinden wir uns in keinem normalen Gemütszustand. Wir sind von diesem Gefühl völlig überwältigt, sind ihm wehrlos ausgeliefert, so als würden wir von einer fremden Macht gelenkt, die uns ein ganz untypisches und möglicherweise selbstzerstörerisches Verhalten aufzwingt. Wir scheinen keine andere Wahl zu haben.

.Wir müssen der geliebten Person auf Schritt und Tritt folgen. Nichts kann uns abschrecken, auch die kälteste Zurückweisung nicht. Es ist völlig belanglos, wie gefühllos und gleichgültig sich die oder der Angebetete verhält, oder was er oder sie unternimmt, um unsere Leidenschaft zu dämpfen. Sie lodert weiter, bis es uns schließlich gelingt, sie zu unterdrücken, sie allmählich von selbst abklingt oder sich in extremen Fällen gewaltsam entlädt.

Zwanghafte Liebe ist normalerweise jedoch ein einmaliges, zeitlich begrenztes Phänomen und kein chronischer Zustand. In der Regel gibt es vorher keinerlei Anzeichen für eine psychische Störung, und auch danach treten höchstwahrscheinlich keine mehr auf, obgleich zwanghafte Liebe in Einzelfällen durchaus zu psychischen Problemen oder Zusammenbrüchen führen kann.

Zwanghafte Liebe wird nur durch eine ganz bestimmte Person ausgelöst. Es gibt zwar auch Menschen, die sich immer wieder auf neue Personen fixieren, aber dieses Phänomen würde ich nicht zu zwanghafter Liebe zählen (wenngleich es sich hierbei auch um eine chronische seelische Störung handelt). Die «klassische» zwanghafte Liebe erlebt man in der Regel nur einmal im Leben und nur mit einer bestimmten Person.

Die Tatsache, daß die geliebte Person unsere Gefühle nicht erwidert, spielt meiner Ansicht nach bei der Entstehung einer Obsession eine wesentliche Rolle. Die leidenschaftlichen Gefühle entstehen zunächst zwar ganz von selbst, entziehen sich jedoch schon bald jeglicher Kontrolle. Gerade die Gleichgültigkeit des anderen scheint unsere Leidenschaft zu schüren.

Ein weiteres typisches Merkmal zwanghafter Liebe ist die Tatsache, daß der geliebte Mensch, aus unterschiedlichen Gründen, stets für uns unerreichbar ist – weil er unsere Gefühle nicht erwidert oder weil er andere sexuelle Neigungen hat, weil er verheiratet oder einfach nicht an einer festen Partnerschaft interessiert ist. Es scheint stets die Unerreichbarkeit dieses Menschen zu sein – der jedoch auch immer irgend etwas «Besonderes» an sich hat – die unsere Liebe nährt.

Da wir auf keinerlei Resonanz stoßen oder zumindest nicht auf die, die wir uns sehnlichst wünschen, können wir nur bangen und hoffen und träumen. Wir leben nur noch für die Momente, in denen wir dem geliebten Menschen begegnen. In der übrigen Zeit überlassen wir uns unseren Wünschen und Phantasien.

Nachts im Bett malen wir uns leidenschaftliche Begegnungen mit dem Mann oder der Frau unserer Träume aus. Tatsächlich kann die Phantasie reizvoller sein als die Wirklichkeit – zumindest in unserer Vorstellung ist der oder die Geliebte immer sexy, immer leidenschaftlich, immer bereit, was kein noch so attraktiver, hingebungsvoller Mensch in Wirklichkeit sein kann.

Obgleich zwanghafte Liebe als eine Form geistiger Verwirrung angesehen werden kann, so ist sie doch ein Phänomen, das jeden von uns treffen kann, ganz gleich, wie ausgeglichen, rational, pragmatisch und realistisch wir sein mögen. Niemand ist absolut gegen sie gefeit – weshalb zwanghafte Liebe auch nicht als eine geistige Erkrankung angesehen werden kann.

Psychiater haben sich mit dem Phänomen der zwanghaften Liebe bisher kaum beschäftigt, es sei denn, es handelte sich um einen chronischen Zustand. In diesen seltenen Fällen scheint die Obsession eher das Symptom für eine tiefsitzende Neurose zu sein und nicht dem schlichten, aber unbezähmbaren Wunsch zu entspringen, ständig mit einer bestimmten Person zusammenzusein.

Die Vernachlässigung des Phänomens seitens der Psychologen läßt sich meines Erachtens damit begründen, daß sehr viele «normale» Menschen einer zwanghaften Liebe zum Opfer fallen, aber nie auf die Idee kämen, deswegen einen Psychologen aufzusuchen.

Die übersteigerte Liebe scheint so sehr Bestandteil des alltäglichen Lebens zu sein, daß man kaum etwas Ungewöhnliches an ihr findet. Nicht umsonst haben so viele Dichter und Schriftsteller dieses Phänomen beschrieben und uns das Gefühl vermittelt, es handele sich um eine menschliche Grunderfahrung. Wir sollten aus der Tatsache, daß zwanghafte Liebe ein alltägliches und weitverbreitetes Phänomen ist, jedoch nicht schließen, daß sie uns guttut – oder daß wir sie als schicksalhaft hinnehmen sollten.

Obsession – oder harmlose Schwärmerei?

Zwanghafte Liebe hat viel Ähnlichkeit mit Vernarrtheit und verliebter Schwärmerei. Liegt der Unterschied nur in der Intensität des Gefühls, oder ist er grundsätzlicher Natur?

Vernarrtheit und Schwärmerei sind in der Regel harmlose Formen der Obsession und meist nur von kurzer Dauer. Viele Teenager schmücken ihre Zimmer mit Postern ihrer Idole. Wenn man sie jedoch Jahre später nach diesen Traummännern oder -frauen fragt, können sie sich wahrscheinlich kaum noch an sie erinnern. Manchmal ist es ihnen sogar peinlich, darüber zu sprechen. Genauso häufig kommt es vor, daß Teenager für ältere Schüler schwärmen, für Lehrer desselben oder des anderen Geschlechts oder für Personen, die für sie eine Autorität darstellen – die über einen, wenn auch noch so kleinen, Vorsprung an Erfahrung, Selbstsicherheit und Wissen zu verfügen scheinen. Es kommt häufig vor, daß sich Schüler in ihre Lehrerin oder Anhängerinnen einer Sekte in ihren Guru verlieben oder auch, daß sich Patienten oder Klienten leidenschaftlich in ihre Ärztinnen oder Therapeutinnen verlieben.

Die Gründe für solche Schwärmereien – wie auch Obsessionen – liegen meiner Ansicht nach auf der Hand. Wenn wir Schüler oder Patienten sind, befinden wir uns in einer relativ schwachen, unterlegenen Position, während der Lehrer oder Therapeut erfahren, allwissend und allmächtig auf uns wirkt. Dieser «weise» Lehrer oder Arzt scheint über ein beeindruckendes Wissen zu verfügen oder die

Macht zu besitzen, uns zu helfen. Freud machte die Beobachtung, daß Patientinnen sich häufig in ihren Therapeuten verlieben, und nannte dieses Phänomen «Übertragung». Damit ist gemeint, daß der Patient im Therapeuten eine Mutter- oder Vaterfigur oder auch den Partner sieht und starke Gefühle, die von Liebe bis Haß reichen können, auf den neutralen Therapeuten überträgt.

Der amerikanische Psychiater Dr. Peter Rutter warnt in seinem Buch *Verbotene Nähe. Wie Männer mit Macht das Vertrauen der Frauen mißbrauchen* Ärzte / Ärztinnen, Therapeuten / Therapeutinnen, Anwälte / Anwältinnen und andere Menschen, die eine gewisse Autorität verkörpern, davor, die Situation auszunutzen und eine sexuelle Beziehung mit dem ihnen Anvertrauten einzugehen. Sie sollten sich bewußtmachen, wie leicht wir uns in jemanden verlieben können, den wir als klüger, erfahrener oder kompetenter einschätzen.

Aus demselben Grund lösen viele religiöse Führer bei ihren Anhängern eine Art Heiligenverehrung aus, die an Obsession grenzen kann. Es ist unter älteren Gurus und anderen charismatischen Führerfiguren durchaus üblich, sich mit hübschen jungen Frauen zu umgeben, die nur allzu bereit sind, einen in ihren Augen außergewöhnlichen, einzigartigen Mann zu verehren und sogar mit ihm zu schlafen. Der verstorbene Bhagwan Shree Rajneesh hat in den siebziger Jahren auf dem Gipfel seines Erfolges angeblich mit Hunderten seiner jungen Anhängerinnen geschlafen. Über Swami Muktananda, den Begründer der Siddha Yoga-Bewegung, wird ähnliches berichtet. Eine Anhängerin Muktanandas soll sogar gesagt haben, daß sie auch seinen Urin trinken würde!

Obwohl solchen Gurus und anderen Kultfiguren regelmäßig vorgeworfen wird, ihre leicht beeinflußbare Anhängerschaft einer Art Gehirnwäsche zu unterziehen, läßt sich die Tatsache nicht bestreiten, daß sich die betroffenen jungen Frauen ihnen aus freiem Willen anschließen. Sie reißen sich womöglich um das Privileg, mit dem Angebeteten eine Nacht zu verbringen.

Auch der alte, zahnlose und ausgezehrte Ghandi schlief (angeblich auf «keusche» Weise) regelmäßig mit jungen Frauen. Und der

Massenmörder Charles Manson hatte ebenfalls eine Reihe von hingebungsvollen jungen Frauen um sich geschart, die zu seiner «Familie» gehörten. Ob gut oder böse, sie alle verfügten offenbar über die Fähigkeit, andere in ihren Bann zu ziehen. All jene, die bei anderen Menschen schwärmerische Gefühle, Vernarrtheit oder gar eine Obsession auslösen, haben eine besondere Ausstrahlung – zumindest in den Augen derer, die sie anhimmeln oder ihnen gar verfallen sind.

Stets verfügt die «geliebte» Person über mehr Einfluß, mehr Anziehungskraft, mehr Wissen, Selbstsicherheit und Lebenserfahrung als die Person, die sie liebt. Obsession, Schwärmerei oder Vernarrtheit gehen immer mit einer Ungleichheit zwischen den Betroffenen einher. Und dies ist einer der Unterschiede zwischen «echter» und «unechter» Liebe oder auch Obsession.

Sind Frauen anfälliger für zwanghafte Liebe als Männer?

Es ist auffällig, wie viele jüngere Frauen sich unsterblich in ältere, einflußreiche, charismatische Männer verlieben. Der umgekehrte Fall scheint nur selten aufzutreten. Wenn Männer einer Frau verfallen, dann handelt es sich in der Regel um jüngere Frauen oder gar junge Mädchen, die ihnen an gesellschaftlichem Status weit unterlegen sind.

William Hazlitt, ein englischer Essayist aus dem 19. Jahrhundert, berichtete von seiner Leidenschaft für ein Zimmermädchen; die Präraffaeliten schwärmten für junge Arbeiterinnen und waren versessen darauf, sie zu malen; König Kophetua verzehrte sich nach einer jungen Bettlerin, und Edward VIII. verliebte sich unsterblich in Wallis Simpson, die ihm gesellschaftlich alles andere als ebenbürtig und zudem eine Ausländerin war. Das Extrembeispiel ist natürlich das «Lolita-Syndrom», das Vladimir Nabokov in seinem weltberühmten Roman beschrieb. Man kann sich schwerlich eine Frau mittleren Alters vorstellen, die mit Haut und Haaren einem Teenager verfällt.

Warum erliegen wir zwanghafter Liebe?

Wenn wir einer zwanghaften Liebe zum Opfer fallen, dann sind stets zwei Voraussetzungen erfüllt: Wir verfügen über ausreichend freie Zeit und ein gewisses Maß an Bildung. (In Kulturen, die über kein Schrifttum verfügen, ist dieses Phänomen völlig unbekannt. Unsere romantischen Vorstellungen von leidenschaftlicher Liebe werden ganz wesentlich durch die Literatur geprägt.) Wenn diese beiden Faktoren gegeben sind, dann gibt es wohl kaum jemanden, der dieser Leidenschaft nicht zum Opfer fallen kann.

Zwanghafte Liebe ist zunächst einmal ein selbsterzeugtes Gefühl. Gewöhnlich trägt die geliebte Person in keinster Weise zur Entstehung der heftigen Emotionen bei, und sämtliche Versuche, sie abzuwehren, bleiben in der Regel wirkungslos. Wie wir bereits festgestellt haben, scheinen besonders Dichter, Maler und Schriftsteller – also kreative Menschen – zu zwanghafter Liebe zu neigen. Können wir daraus schließen, daß nur Menschen, die mit einem überdurchschnittlich hohen Maß an Kreativität und einer lebhaften Phantasie ausgestattet sind, anfällig dafür sind?

Ich glaube nicht. Meiner Meinung nach sind außergewöhnlich kreative oder phantasiebegabte Menschen nicht häufiger davon betroffen als andere. Sie verfügen lediglich über die Fähigkeit, ihre leidvollen Erfahrungen auszudrücken und lebendig zu beschreiben. Hier läßt sich auch eine interessante Parallele zum Alkoholismus ziehen. Da viele begabte Schriftsteller Alkoholiker waren, liegt der trügerische Schluß nahe, daß es eine Verbindung zwischen Alkohol und Kreativität gibt, daß dieser sie freisetzt oder fördert. In gewisser Weise hat die Trinkfreudigkeit von Künstlern und Schriftstellern dazu beigetragen, Alkohol «salonfähig» zu machen. Dennoch wissen wir alle, daß Alkohol hemmend auf das zentrale Nervensystem wirkt und die Talente all jener, die ihm übermäßig zusprechen, früher oder später in Mitleidenschaft zieht, wenn nicht gar zerstört.

Darüber hinaus könnte uns die Tatsache, daß so viele Schriftsteller mit ihrer eigenen Obsession oder der ihrer Helden gerungen haben, zu der Annahme verleiten, daß sich diese überwältigenden und unkontrollierbaren Gefühle nur auf äußerst kreative und begabte Menschen beschränken oder ihr Genie möglicherweise erst ausmachen. Der Grund, weshalb sie sich so ausgiebig mit zwanghafter Liebe beschäftigt haben, liegt jedoch gerade im dysfunktionalen und destruktiven Charakter der Obsession.

Die Literatur befaßt sich im wesentlichen mit dysfunktionalem, von der Norm abweichendem Verhalten. Darin besteht eigentlich auch die Funktion von Literatur – Leidenschaften und Gefühlen, die wir nicht erklären können, auf den Grund zu gehen. Dies trifft nicht nur auf die gehobene Literatur, sondern auch auf die Unterhaltungsliteratur zu. Die Psychologie verfolgt dasselbe Ziel. Aber da sie sich meist einer trockenen, schwer verständlichen Sprache bedient, kann sie bei weitem nicht so viele Menschen erreichen wie beispielsweise ein Roman.

Können wir uns an irgendeine Romanfigur erinnern, die Opfer einer übersteigerten, einseitigen Liebe war und deren Leben eine positive Wendung nahm? Stets enden diese Liebesgeschichten auf die eine oder andere Weise tragisch. Das eigentliche Problem besteht natürlich darin, daß zwanghafte Liebe inzwischen als eine Spielart der Liebe angesehen wird, mit der sie im Grunde nichts gemein hat.

Es gibt mehrere Faktoren, die günstige Voraussetzungen für die Entstehung zwanghafter Liebe schaffen:
1. Freizeit und Muße;
2. Bildung;
3. das Gefühl der Verletzbarkeit und Nicht-Zugehörigkeit;
4. ein übersteigertes Selbstbewußtsein;
5. bestimmte Kindheitserfahrungen;
6. das Gefühl des Andersseins;
7. eine unüberwindbare Ungleichheit, ob eingebildet oder real, zwischen Liebendem und Geliebtem.

Jeder einzelne Faktor für sich genommen muß natürlich keine Obsession auslösen, doch wenn alle Faktoren zusammentreffen, ist die Wahrscheinlichkeit, daß man sich in eine aussichtslose Liebe verrennt, sehr hoch.

Freizeit und Muße

In vielen, wenn nicht gar allen Fällen sind Menschen, die eine zwanghafte Liebe erleben, nicht ausgelastet. Einige der Fallbeispiele in Kapitel 2 handelten von Studenten, die musische oder geisteswissenschaftliche Fächer gewählt hatten, Studiengänge also, die bekanntermaßen reichlich Raum für individuelle Gestaltung lassen.

Auch bekannte Persönlichkeiten wie Charlotte Brontë, Elizabeth Smart, Kathleen Raine und der Herzog von Windsor verfügten über viel Zeit – mehr Zeit, als sie sinnvoll zu nutzen wußten – und hatten darüber hinaus ihren Platz im Leben noch nicht gefunden. Selbst Ruth Ellis, die Besitzerin einer Bar war, hatte genug freie Zeit zu ihrer Verfügung. Bot es sich da nicht an, sich in eine unglückliche Liebesaffäre zu stürzen? Man könnte fast meinen, der Teufel hätte zwanghafte Liebe als Beschäftigung für müßige Hände, oder müßige Geister, ersonnen.

Der Anthropologe Branko Bokun, der in verschiedenen Teilen der Welt kulturanthropologische Studien durchführte, kam zu dem Ergebnis, daß zwanghafte Liebe fast ausschließlich in Lebensphasen auftritt, in denen ein Mensch nicht ausgelastet ist. Wenn man sehr beschäftigt ist, so Bokun, dann können solche Gefühle erst gar nicht aufkommen.

Es ist auffällig, daß in den Fallbeispielen kein einziger Handwerker zu finden ist, niemand, der mit seinen Händen arbeitet. Alle leisten sie geistige Arbeit. Es scheint, daß Menschen, die körperlich ausgelastet sind, die eher ihre Hände als ihren Geist oder ihre Kreativität einsetzen, fester in der Realität verankert sind. Im Gegensatz zu Intellektuellen oder Künstlern laufen sie weit weniger Gefahr, sich in Tagträumereien zu verlieren oder im Geist die Möglichkeit durchzuspielen, sich zu verlieben. Nach anthropologischen Erkenntnissen tritt zwanghafte Liebe in Agrargesellschaften – wo Menschen hart arbeiten müssen, um zu überleben – überhaupt nicht auf. So könnte man also in gewisser Hinsicht behaupten, daß zwanghafte Liebe ein Luxus ist, den sich nur Müßiggänger leisten können.

Eigentlich hat sich das Phänomen der zwanghaften Liebe schon von jeher auf die beschränkt, die Zeit und Muße besaßen. Im Mittelalter gab es beispielsweise die Troubadoure – junge Männer der Oberschicht, die ihrer Schloßherrin leidenschaftliche Liebeslieder vortrugen und die weder einem Beruf nachgingen, noch irgendeine gesellschaftliche Funktion ausübten. Um sich die Zeit zu vertreiben und ihre romantischen Gefühle auszuleben, schrieben oder sangen sie Liebeslieder für verheiratete, höhergestellte Frauen, die immer unerreichbar für sie blieben. Eben diese Unerreichbarkeit verlieh ihrer Liebe «Reinheit» und bot Raum für einen ungezügelten schöpferischen Elan. Wenn die Angebetete wider Erwarten doch dem glühenden Werben nachgab, dann mußte der Verehrer möglicherweise feststellen, daß sie gar nicht so bezaubernd und vollkommen war, wie er es sich in seinen schwärmerischen Träumen ausgemalt hatte. Eine einzige Begegnung konnte genügen, um die leidenschaftliche Glut zu löschen. In vielen Fällen waren die jungen Troubadoure wahrscheinlich gar nicht besonders verliebt, sondern steigerten sich in ihre romantischen Gefühle hinein, um ihre Langeweile zu bekämpfen.

Im 16. und 17. Jahrhundert wurde der größte Teil der Liebeslyrik von jungen Männern verfaßt, die wohlhabend genug waren, um für ihren Lebensunterhalt nicht arbeiten zu müssen, und deshalb über viel freie Zeit verfügten. In der Liebeslyrik des 16. Jahrhunderts finden sich alle Elemente zwanghafter Liebe wieder: schmachtendes Seufzen, Unmut, Seelenqualen, tiefe Trauer angesichts der unerwiderten Gefühle und immer wieder Klagen über das mangelnde Verständnis und die «Grausamkeit» der Geliebten.

Im viktorianischen Zeitalter litten vor allem junge Frauen der Oberschicht unter zwanghafter Liebe, da sie kaum etwas anderes zu tun hatten, als darauf zu warten, daß man sie verheiratete. Ihre männlichen Standesgenossen hingegen führten zu jener Zeit kein müßiggängerisches Leben mehr, sondern besuchten streng geführte Eliteschulen, um dann, kaum zwanzigjährig, in die Armee oder den Staatsdienst einzutreten. Sie hatten keine Zeit mehr, um Stella, Phyllis, Anthea oder Laura leidenschaftliche Liebesgedichte zu schreiben – Frauen, die oft nur in der fiebernden Phantasie des

Dichters existieren (und keineswegs Menschen aus Fleisch und Blut waren).

Da den viktorianischen Frauen der Oberschicht im allgemeinen eine höhere Bildung verwehrt war, blieb ihnen gar nichts anderes übrig, als auf den Mann ihres Lebens zu warten. Einstweilen träumten sie von ihm und füllten ihre Zeit damit, sich unsterblich in jeden jungen Mann zu verlieben, der ihnen über den Weg lief. Ihr Hang zu romantischen Schwärmereien mag auch durch die einengenden Korsetts, die ihnen auferlegte Untätigkeit, den Mangel an Bewegung und die gesellschaftlich sanktionierte Flucht in Zerbrechlichkeit und Kränklichkeit begünstigt worden sein.

Bildung
Der Faktor Bildung spielt ebenfalls eine außerordentlich wichtige Rolle. Alle Fallbeispiele weisen diese weitere Gemeinsamkeit auf: sämtliche Betroffenen sind entweder gebildet, im Begriff, sich Bildung anzueignen oder stark an Bildung interessiert.

Ein Bildungsgrad, der es uns ermöglicht, unsere Gefühle zu reflektieren und zu analysieren und Bücher zu lesen, die von unglücklicher Liebe handeln, trägt mit zur Entstehung zwanghafter Liebe bei. Wie bereits erwähnt, widmet sich der überwiegende Teil der gehobenen Literatur dem Thema Liebe. Wenn wir viel darüber lesen, dann erzeugt dies eine gewisse innere Bereitschaft, sich diesem Gefühl hinzugeben – vor allem da jene, die eine große Leidenschaft erleben, stets interessanter zu sein scheinen, als ihre nüchternen, gesetzteren Zeitgenossen.

Auch wenn sich viktorianische Mädchen der Oberschicht zum Teil deswegen hoffnungslos verliebten, weil man ihnen eine höhere Bildung vorenthielt, so hatten sie zumindest Hauslehrerinnen, die ihnen einen gewissen «gesellschaftlichen Schliff» vermittelten. Deshalb waren sie natürlich in der Lage, sich über das Thema Liebe Gedanken zu machen und romantische Liebesgeschichten zu verschlingen, in denen sich die jungen Heldinnen auf leidenschaftliche und dramatische Weise in große, geheimnisvolle und gutaussehende Helden verliebten.

Ein Gefühl der Verletzbarkeit und
Nicht-Zugehörigkeit

Obwohl ich diesen Aspekt erst an dritter Stelle erwähne, ist er von grundlegender Bedeutung und möglicherweise sogar der wichtigste von allen. Er kann bis zu einem gewissen Maße Aufschluß darüber geben, weshalb Obsessionen «aus heiterem Himmel» entstehen und warum wir uns auf so übersteigerte Weise in einen Menschen verlieben, den wir kaum kennen.

Natürlich ist das Problem äußerst komplex. Aber nach unseren bisherigen Beobachtungen können wir bereits einiges über den Typus Mensch aussagen, der einer zwanghaften Liebe zum Opfer fällt: Im großen und ganzen handelt es sich dabei um Menschen, die über Freizeit und ein gewisses Maß an Bildung verfügen, die jedoch ihren Platz in der Gesellschaft noch nicht gefunden haben. Sie sind intelligent, aber es fehlt ihnen eine sinnvolle Aufgabe in ihrem Leben oder eine Tätigkeit, die sie wirklich ausfüllt. Schüler, Patienten, Studenten – sie alle befinden sich in einer Art Schwebezustand, haben ihr Leben noch gar nicht richtig begonnen oder erleben einen Stillstand.

Meiner Ansicht nach tritt zwanghafte Liebe ausschließlich in Lebensphasen auf, in denen wir uns in eine bestimmte Lebenssituation nicht einfinden können und das Gefühl haben, alleine dazustehen. Wir sind gerade dann besonders gefährdet, wenn wir uns nutzlos und überflüssig fühlen und eine sinnvolle Aufgabe in unserem Leben vermissen.

Charlotte Brontë verliebte sich, als sie allein in Brüssel war, in einem fremden Land, in dem man eine fremde Sprache sprach. Sie hatte weder Angehörige noch Freunde, nicht einmal Bekannte, auf die sie hätte zurückgreifen können. Darüber hinaus wußte sie nicht, wie es mit ihrem Leben weitergehen sollte. Es bestand zwar die Aussicht, im Pfarrhaus in Haworth eine Schule einzurichten, aber sie war von diesem Plan nicht sonderlich begeistert. Die Möglichkeit, eine anerkannte Schriftstellerin zu werden, war für sie damals noch ein unerreichbarer Traum. Auch Elizabeth Smart und Kathleen Raine verliebten sich in Phasen ihres Lebens, in denen sie sich in ihrer Umgebung nicht zu Hause fühlten; es gab keinen richtigen «Platz» für sie – oder sie hatten ihn noch nicht gefunden.

Was mich selbst betrifft, so war ich die erste in der Familie, die auf die Universität ging, und das in einer fremden Stadt, in der ich niemanden kannte. Ich hatte ein Studienfach gewählt, das mir nicht zusagte, und tat mich anfangs schwer, Freunde zu finden.

Aber warum sollte uns ein Gefühl von Verletzbarkeit und mangelnder Zugehörigkeit anfällig für zwanghafte Liebe machen – eine leidvolle Erfahrung, die unsere Situation letztlich doch nur verschlimmert? Im Grunde läßt sich das Problem auf unser «Verschmelzungsbedürfnis» zurückführen, den Wunsch, die Abhängigkeit wiederherzustellen, die wir als Kleinkinder erlebten. Vom psychologischen Standpunkt aus gesehen, bedeutet zwanghafte Liebe der völlige Zusammenbruch der Ich-Grenzen. Die Gefahr eines solchen Zusammenbruchs ist dann am größten, wenn wir nicht wissen, wer wir sind, was wir wollen, was wir erreichen können oder wie wir uns in unsere gegenwärtigen Lebensumstände am besten einfinden können.

In gewissem Sinne ist zwanghafte Liebe der Versuch, sich jemandem zugehörig zu fühlen. Wir möchten uns so eng an die geliebte Person binden, daß wir uns als Teil von ihr fühlen – und nicht mehr als Einzelwesen. Zwanghafte Liebe entzieht sich gerade deshalb jeder Logik und Vernunft, weil die tiefe Sehnsucht nach Verschmelzung, Geborgenheit und Zugehörigkeit aus einer Zeit in unserem Leben rührt, in der wir tatsächlich völlig abhängig waren, noch nicht sprechen konnten und keine eigenständigen Persönlichkeiten waren.

Das Problem ist nur, daß die meisten Menschen, denen wir verfallen, ein völlig ungeeigneter Mutterersatz sind, da sie, ebenso wie wir, unsicher sind, um Anerkennung und innere Ausgeglichenheit ringen. Aber in unseren Augen scheinen sie eher ihren Platz gefunden zu haben und besser mit ihrem Leben fertigzuwerden als wir.

Als Babies können wir nicht zwischen uns und unserer Umgebung unterscheiden. Es gibt noch keine Grenzen oder Trennungslinien, keine eigene Identität. Wenn ein Kind heranwächst, beginnt es, sich als losgelöst von seiner Umgebung zu erleben und ein Ichgefühl zu entwickeln. Allmählich entstehen Ich-Grenzen, das heißt, ein Bewußtsein der eigenen, unabhängigen Identität. Doch diese Grenzen können auch Einsamkeit und ein Gefühl der Isolation mit sich bringen. Wenn man sich in einer unsicheren Lebenssituation verliebt, jemandem rettungslos verfällt oder auch nur für jemanden schwärmt, so ist dies meist der Versuch, dieses einstige Gefühl der Zugehörigkeit und Geborgenheit, den Zustand des Einsseins wieder herbeizuführen.

Es ist daher kein Zufall, daß sich gerade Teenager, die rapide körperliche Veränderungen erfahren, die extremen Stimmungsschwankungen unterworfen sind, die weder «Fisch noch Fleisch» sind, heftig verlieben. Die Tatsache, daß Mädchen stärker dazu neigen als Jungen, mag damit zusammenhängen, daß sie verstörendere und einschneidendere körperliche Veränderungen erleben als Jungen. Jungen wachsen, entwickeln eine tiefere Stimme und einen Bartwuchs, was ihnen selten Probleme bereitet. Für die Mädchen hingegen kann die sich entwickelnde Brust und die einsetzende Menstruation ein tiefes Schamgefühl auslösen und Trauer darüber, ihre kindliche Unbefangenheit und ihren schmalen, knabenhaften Körper zu verlieren.

Und da unsere Gesellschaft heterosexuelle Liebe idealisiert, kann sich ein Mädchen am ehesten zugehörig und aufgehoben fühlen, wenn sie sich unsterblich verliebt – immer in jemanden, der selbstbewußter, sicherer und erfahrener zu sein scheint als sie selbst. Diese Erfahrung ist unter anderem deshalb so schmerzhaft, weil es nie zur ersehnten Verschmelzung kommt – das Objekt unserer Liebe ist gleichgültig oder nur an Sex interessiert, und es stellt sich nie das Gefühl von Zusammengehörigkeit ein, das wir uns so sehr herbeisehnen.

Der amerikanische Psychiater M. Scott Peck bezeichnet in seinem erfolgreichen Buch *Der wunderbare Weg. Eine neue Psychologie der Liebe und des spirituellen Wachstums* den Prozeß des sich Verliebens als einen Akt der Regression, eine Rückkehr in ein frühkindliches Stadium. Seiner Ansicht nach treffen wir keine bewußte

Entscheidung darüber, ob wir uns verlieben; es geschieht nie aus freiem Willen. Umgekehrt mögen wir uns noch so sehr wünschen, uns zu verlieben, es wird uns trotzdem nicht gelingen. Und wenn wir uns Hals über Kopf verlieben, so stehen die Chancen, daß es jemand ist, der zu uns paßt, fünfzig zu fünfzig. Sich zu verlieben kostet keinerlei Mühe – es passiert einfach. Je zwanghafter unsere Liebe, desto gefährdeter sind unsere Ich-Grenzen und desto größer der Identitätsverlust, was unsere Situation natürlich nur noch verschlimmert.

M. Scott Peck hält romantische Liebe für eine fatale Täuschung – eine List der Natur, mit der sie den Fortbestand der Menschheit sichert, indem sie uns in eine Ehe oder Lebensgemeinschaft lockt, die lange genug andauert, um die Fortpflanzung zu garantieren. Auch zwanghafte Liebe kann gelegentlich zur Ehe führen, wenn die geliebte Person aus Mitleid oder Freundschaft unserem Werben nachgibt. Solche Verbindungen sind meist zum Scheitern verurteilt: Wenn wir uns Hals über Kopf verlieben, werden wir irgendwann ernüchtert aufwachen und möglicherweise feststellen, daß es keine emotionale Basis mehr für unsere Beziehung gibt.

Angst und Unsicherheit stellen sich häufig in Lebensphasen ein, in denen wir einschneidende Veränderungen erleben. Aus diesem Grund treten Obsessionen häufig dann auf, wenn Menschen zum ersten Mal ihr Zuhause verlassen, wenn sie eine neue Stelle antreten oder sich in einer völlig fremden Umgebung ein neues Leben aufbauen müssen.

Ein übersteigertes Selbstbewußtsein

Auch dieser Faktor erhöht unsere innere Bereitschaft, uns hoffnungslos zu verlieben – auch wenn er dem zuvor genannten Aspekt der Verletzlichkeit zu widersprechen scheint.

Tatsächlich ist ein übersteigertes Selbstbewußtsein jedoch immer mit einem Mangel an Selbstvertrauen und echter Selbstachtung gekoppelt. Jemand, der selbstsicher ist und nicht das Bedürfnis hat, andere zu beeindrucken und sich zu beweisen, wird sich wahrscheinlich nie in eine zwanghafte Liebe verrennen.

In der Regel sind die Menschen, denen wir verfallen, keine unscheinbaren, grauen Mäuse. Sie ziehen uns deshalb so stark an, weil sie etwas an sich haben, das wir uns für uns selbst wünschen – uns jedoch nicht zugestehen. Zwanghafte Liebe ist deshalb eine so schmerzhafte Erfahrung, weil sie unser Selbstwertgefühl tief verletzt. Wenn wir ein übertriebenes Selbstbewußtsein haben, dann erwarten wir, daß uns jemand liebt, der unser würdig ist und etwas darstellt. Wenn unsere Liebe dann nicht erwidert wird, sind wir zutiefst gekränkt, und unser Selbstwertgefühl ist schwer erschüttert.

Eigenliebe und übertriebenes Selbstbewußtsein verhindern die Entstehung echter Liebe. Ein ganz typisches Merkmal zwanghafter Liebe ist, daß die Betroffenen sich eigentlich ausschließlich mit sich selbst beschäftigen – niemals mit den Gefühlen und Reaktionen der geliebten Person. Ein Großteil der Liebeslyrik führt uns dieses Phänomen deutlich vor Augen. Alle, die über ihre Obsession schrieben – auch jene, die, wie ich, Tagebuch führten –, haben eins gemeinsam: Sie interessieren sich ausschließlich für ihre eigenen Gefühle. Sie machen sich kaum je Gedanken darüber, welche Reaktionen sie eigentlich bei der anderen Person auslösen.

Nachdem unser Selbstbewußtsein einen so schweren Schlag erlitten hat, machen wir eine tiefe Verunsicherung durch und ergehen uns in selbstquälerischem Schmerz. Die Obsession verhindert jedes rationale Denken, und es ist uns unmöglich, unsere Situation nüchtern zu reflektieren.

Würden wir eine echte, nicht ichbezogene Liebe empfinden, dann lägen uns die Bedürfnisse und das Wohl der anderen Person am Herzen. Statt dessen ergehen wir uns in Selbstmitleid. Wir sind tief verletzt, weil unsere Gefühle nicht erwidert werden, und außerstande, die Situation realistisch zu beurteilen. Wir bedrängen das Objekt unserer Liebe, rücken ihm auf den Leib, um schließlich doch nur wieder zutiefst gekränkt zu sein, wenn wir auf Ablehnung stoßen. Gerade weil unser Selbstbewußtsein einen so schweren Schlag erlitten hat und wir nicht in der Lage sind, uns in den anderen einzufühlen, haben wir nicht die geringsten Hemmungen, den Angebeteten täglich mit Telefonanrufen zu belästigen oder der Angebeteten mit seitenlangen Briefen zuzusetzen, ihm aufzulauern und ihr auf Schritt und Tritt zu folgen. Wir haben völlig die Kontrolle über unser Verhalten verloren.

Wenn wir uns in eine einseitige Liebe verrennen, dann begeben wir uns in eine verletzliche Position, und unser seelisches Gleichgewicht wird zutiefst erschüttert. Aufgrund unseres übersteigerten Selbstbewußtseins und unserer Eigenliebe können unsere Gefühle leicht in Wut und Haß umschlagen.

Spezielle Kindheitserfahrungen
Einige Psychologen, die sich mit zwanghafter Liebe beschäftigt haben, halten eine unglückliche oder gestörte Kindheit für den auslösenden Faktor. Ihrer Ansicht nach ist zwanghafte Liebe lediglich eine andere Variante des «Frauen, die zu sehr lieben»-Syndroms – die selbstzerstörerische Neigung bestimmter Frauen, sich in Männer zu verlieben, die aufregend und interessant wirken, letztlich aber nur schädlich für sie sind. Natürlich können auch Männer ihrem Wunsch nach einer dauerhaften Partnerschaft unbewußt entgegenwirken, indem sie sich in die falschen Frauen verlieben.

Das Problem scheint mir jedoch weit komplexer zu sein, als es zunächst den Anschein hat. Wenngleich bestimmte Kindheitserfahrungen zweifellos eine – möglicherweise sehr wichtige – Rolle spielen, so läßt sich daraus kein allgemeingültiges Schema ableiten. Es gibt keinen eindeutigen Zusammenhang zwischen einem bestimmten Familienhintergrund und einer besonderen Anfälligkeit für zwanghafte Liebe. Allerdings gibt es gewisse Aspekte, die uns das Phänomen besser erklären.

Es ist zur Zeit Mode, Einflüsse aus der Kindheit für psychische Störungen im Erwachsenenalter verantwortlich zu machen, und zweifellos lassen sich gewisse psychische Probleme auf bestimmte Familienverhältnisse zurückführen. Beispielsweise weiß man inzwischen, daß Alkoholiker und Drogenabhängige beinahe ausnahmslos aus Familien stammen, in denen man nicht offen miteinander umging und in denen die Kinder die Rolle der Eltern einnehmen mußten. Für das Phänomen der zwanghaften Liebe hingegen gibt es kein ähnlich schlüssiges Erklärungsmuster.

Eine Obsession kann beispielsweise bei Menschen auftreten, die einen schwachen Vater hatten, die von einem Elternteil lange getrennt waren oder einen von beiden ganz verloren. In solchen Fällen fehlt es besonders sensiblen Kindern an ausreichendem emotionalen Rückhalt, um ein stabiles Selbstwertgefühl und eine eigenständige Identität zu entwickeln. Wenn diese Menschen in ihrem späteren Leben etwas als besonders bedrohlich oder beunruhigend empfinden, können ihre ohnehin schwach ausgebildeten Ich-Grenzen leicht ins Wanken geraten.

Wir sind auch dann anfällig für zwanghafte Liebe, wenn wir als einziges Mitglied der Familie eine höhere Schule oder Universität besucht haben, ohne jedoch über den entsprechenden soziokulturellen Hintergrund, über einen Grundstock an hilfreichen Verhaltensmustern zu verfügen. Menschen, die von Kindheit an sehr intensiv in einer Phantasiewelt gelebt haben, entwickeln häufig eine feste Vorstellung von ihrem Traumpartner und glauben diesen gefunden zu haben, sobald sie jemandem begegnen, der ihrem Idealbild auch nur annähernd entspricht.

Die Psychotherapeutin Vera Diamond, die hauptsächlich mit Erwachsenen arbeitet, die in ihrer Kindheit sexuell mißbraucht oder mißhandelt wurden, geht davon aus, daß Menschen, die als Kinder körperlichen oder seelischen Verletzungen ausgesetzt waren, als Erwachsene unbewußt jemanden suchen, der sie erneut verletzt. Vera erklärt: «Unbewußt versuchen wir stets vertraute Muster zu wiederholen. Deshalb suchen sich Menschen, die in ihrer Kindheit sexuell mißbraucht wurden, einen Partner, der sie ebenfalls mißbraucht. Alle Prostituierten sind ausnahmslos als Kinder mißbraucht worden und leben mit dem Gefühl, es nicht wert zu sein, um ihrer selbst willen geliebt zu werden.»

Ebenso können Menschen, die einer zwanghaften Liebe zum Opfer fallen, unter einem tiefsitzenden Minderwertigkeitsgefühl leiden. Auch wenn sie nach außen hin selbstbewußt wirken, sind sie tief in ihrem Innern davon überzeugt, aufrichtige Liebe nicht zu verdienen. Und so verlieben sie sich in jemanden, der sie nicht wiederliebt und bestrafen sich damit selbst. Dieser Prozeß läuft natürlich unbewußt ab.

Das Gefühl des Andersseins

Viele Menschen, die eine zwanghafte Liebe erleben, haben schon immer das Gefühl gehabt, ein wenig anders als andere Menschen zu sein, eine Art Sonderfall darzustellen. Das mag an bestimmten Kindheitserfahrungen liegen oder aber an außerordentlichen Talenten oder Fähigkeiten.

Das Gefühl, «anders» und etwas Besonderes zu sein, hebt uns von anderen Menschen ab, aber auf ungesunde Weise. Wir können keinerlei Zugehörigkeitsgefühl entwickeln – und natürlich ist zwanghafte Liebe das genaue Gegenteil von Verbundenheit und Nähe. Dieses Gefühl des Andersseins ist keine zwingende Voraussetzung für eine Obsession, aber es erhöht unsere Anfälligkeit dafür erheblich.

Seit den vierziger und fünfziger Jahren haben immer mehr begabte Arbeiterkinder eine höhere Schule besucht, ein Studium absolviert und eine akademische Laufbahn eingeschlagen. Vorher hatte es das kaum gegeben. Diese Schüler und Studenten hatten zweifellos das Gefühl, «anders» und etwas Besonderes zu sein – weil sie eine adrette Schuluniform trugen und mit dem Bus zur Schule fuhren, weil sie Latein lernten, das Abitur machten und schließlich ihr Elternhaus verließen – aber sie verspürten auch ein tiefes Einsamkeitsgefühl.

Wenn wir das einzige begabte Kind in der Familie sind und über mehr Kenntnisse und Fähigkeiten verfügen als die Menschen unserer näheren Umgebung, dann werden wir uns möglicherweise nicht zugehörig fühlen. Wir heben uns durch unsere Bildung und unsere Fähigkeiten von unserem sozialen Umfeld und unserer Familie deutlich ab, aber dennoch gehören wir nicht zur «gebildeten» Mittelschicht, denn dazu fehlt es uns am notwendigen soziokulturellen Hintergrund.

Während ich mich gleich im ersten Semester unsterblich verliebte, erging es Penny, dem Mädchen, mit dem ich zusammenwohnte und die der gehobenen Mittelschicht angehörte, nicht so – obwohl sie sich, genau wie ich, danach sehnte, dem Mann ihres Lebens zu begegnen. Aber Penny fühlte sich offenbar nicht so entwurzelt wie ich – die meisten Mitglieder ihrer Familie hatten eine höhere Bildung genossen.

Vera Diamond führt das Phänomen der zwanghaften Liebe jedoch nicht nur auf bestimmte Kindheitserfahrungen und Einflüsse aus dem Elternhaus zurück. Sie geht davon aus, daß es bestimmte Persönlichkeitstypen gibt, die zu zwanghafter Liebe neigen. Es sind vor allem Menschen, die eine gewisse Dramatik in ihrem Leben brauchen. Der einfache Weg, die ausgeglichene, unkomplizierte Liebesbeziehung liegt ihnen nicht. Das Leben soll möglichst aufregend sein und intensiv erlebt werden – vielleicht weil diese Menschen über ein hohes Maß an Phantasie verfügen, die möglicherweise mit einer gewissen Labilität gepaart ist.

Für die meisten Opfer zwanghafter Liebe trifft dies tatsächlich zu. Sie haben nicht nur ein übersteigertes Selbstbewußtsein, sondern auch das übersteigerte Bedürfnis, ein aufregenderes, möglicherweise risikoreicheres Leben zu führen als ihre Mitmenschen. Vielleicht haben sie in ihrer Kindheit keine waghalsigen Abenteuer erlebt und wollen diese Erfahrung nachholen.

Führen wir uns noch einmal die abgeschirmte Kindheit Charlotte Brontës vor Augen. Sie lebte mit ihrem Bruder und ihren beiden Schwestern in einer lebendigen, bunten Phantasiewelt, in der es von romantischen Gestalten, die spannende Abenteuer und dramatische Liebesgeschichten erlebten, nur so wimmelte. Als sie heranwuchsen, trennten sie sich nur widerstrebend von dieser irrealen Welt und sponnen ihre Geschichten um Gondal und Angria noch bis ins Erwachsenenalter hinein weiter. Emily Brontë konnte sich nie von ihrer Traumwelt lösen – und fiel auch nie einer zwanghaften Liebe zum Opfer.

Aber Charlotte wollte sehr wohl in der «realen» Welt leben und Menschen aus Fleisch und Blut kennenlernen. Sie gab sich keineswegs damit zufrieden, in einer Phantasiewelt zu leben. Wenn man jedoch bedenkt, wie lange sie sich damit beschäftigte, sich romantische Abenteuer für ihre Phantasiegeschöpfe auszudenken, und sich vor Augen führt, daß es gleichzeitig zu ihren Pflichten gehörte, mit den langweiligen Hilfsgeistlichen ihres Vaters und Mitgliedern der Pfarrgemeinde Konversation zu betreiben, wundert es kaum, daß sie sich Hals über Kopf in den erstbesten interessanten Mann verliebte, der ihr begegnete.

Die meisten Opfer zwanghafter Liebe haben eine recht genaue Vorstellung vom Aussehen und der Persönlichkeit ihres Traumpartners. Die Sehnsucht, diesem Menschen eines Tages wirklich zu begegnen, ist so groß, daß sie sich in den erstbesten Menschen, der dieser Vorstellung auch nur halbwegs entspricht, heftig verlieben. Wie Vera Diamond feststellte, spielt die Tatsache, daß diese Person auch ihre Fehler und Schwächen hat, keine Rolle – anfangs zumindest. Falls sich tatsächlich eine Beziehung entwickeln sollte, wird sich früher oder später die Ernüchterung einstellen.

Daß es kaum je zu einer Beziehung kommt, liegt unter anderem daran, daß wir unbewußt sehr wohl wissen, daß die geliebte Person bei näherem Kennenlernen unseren Erwartungen gar nicht entsprechen würde. Deshalb verlieben wir uns lieber gleich in jemanden, der unerreichbar für uns ist, so daß wir uns nie mit der Realität konfrontieren müssen.

Der Aspekt der Ungleichheit

Immer wenn zwanghafte Liebe entsteht, herrscht zwischen der liebenden und der geliebten Person irgendeine Art von Ungleichgewicht. Das Objekt unserer Leidenschaft ist verheiratet, erheblich älter, berühmt oder unerreichbar. Wenn es sich um eine Frau handelt, so ist sie meist zu jung oder nimmt eine niedrigere soziale Stellung ein.

Entscheidend dabei ist, daß sich diese Ungleichheit oder Unausgewogenheit nie aufheben läßt. Viele Männer verlieben sich leidenschaftlich in schöne Frauen, ohne je darauf hoffen zu können, sie für sich zu interessieren. Und so begnügen sie sich mit ihrer Obsession. Männer der Oberschicht fühlen sich möglicherweise zu jungen

Mädchen hingezogen, die natürlich und unverdorben auf sie wirken, die nichts von dem affektierten Gebaren an sich haben, das in ihren gesellschaftlichen Kreisen üblich ist. Junge Mädchen wiederum verlieben sich häufig in äußerst attraktive und interessante Männer – aber auch sie glauben nicht, daß sie diese Männer je für sich gewinnen könnten. Und auch sie kommen nicht los von ihnen.

Die Menschen, denen wir so rettungslos verfallen, scheinen tatsächlich meist besonders auffallende, beeindruckende Persönlichkeiten zu sein. Zudem sind sie oft völlig unerreichbar für uns, so daß uns nichts weiter bleibt, als zu schmachten und die geliebte Person zu idealisieren.

Falls Sie je eine zwanghafte Liebe erlebt haben, gehen Sie alle sieben Faktoren durch, und überlegen Sie, welche von ihnen auf Sie zutreffen. Falls Sie jemanden kennen, der unglücklich verliebt ist, oder falls Sie selbst das Objekt einer zwanghaften Liebe sind oder waren, dann nehmen Sie sie sich noch einmal vor. Wahrscheinlich wird Ihnen vieles davon sehr bekannt vorkommen.

Ist zwanghafte Liebe ein Phänomen heterosexueller Liebe?

Zwanghafte Liebe ist höchstwahrscheinlich eine übersteigerte Form dessen, was unsere Gesellschaft unter Liebe zwischen Mann und Frau versteht. Traditionsgemäß haben sich Frauen in ältere, finanziell bessergestellte, einflußreichere Männer verliebt und sie auch geheiratet, während Männer sich eher zu sozial unter ihnen stehenden, jüngeren, weniger gebildeten und passiven Frauen hingezogen fühlten. Da dieses klassische Muster schon seit Jahrhunderten unverändert besteht, erscheint uns dieser Sachverhalt völlig normal. Frauen, die weit jüngere, weniger einflußreiche Männer heiraten, und Männer, die sich für ältere, erfolgreiche Frauen interessieren, gehören nach wie vor zu den Ausnahmen und sorgen regelmäßig für Aufsehen oder Klatsch.

Die Tatsache, daß es in letzter Zeit immer mehr ältere Frauen gibt, die jüngere Partner haben, führt uns deutlich vor Augen, daß die Bereiche Liebe und Partnerschaft eng mit unserer Kultur verknüpft sind und keineswegs irgendwelchen «natürlichen Gesetzen» unterworfen sind. Seit Frauen endlich die Möglichkeit haben, gesellschaftlichen Einfluß auszuüben, sich Bildung anzueignen und ihren eigenen Lebensunterhalt zu verdienen, fühlen sich jüngere Männer zu ihnen hingezogen und umgekehrt. Es besteht für Frauen keine zwingende Notwendigkeit mehr, sich in einen älteren Mann zu verlieben, um ausreichend versorgt zu sein.

Ein Großteil der Literatur, von den großen Klassikern bis zur Trivialliteratur, huldigt der heterosexuellen Liebe. Daher überrascht es wenig, daß wir uns, wenn wir uns verlieben, an diesen kulturell bedingten Verhaltensmustern orientieren. Es werden Erwartungen, Wünsche und Sehnsüchte in uns geweckt, die wir uns in unserem Leben auch erfüllen möchten.

In einer andersgearteten Kultur könnte sich daher ebensogut gleichgeschlechtliche Liebe entwickeln. In reinen Mädchen- oder Jungenschulen kommt es sehr häufig vor, daß sich Mädchen oder Jungen in Lehrer oder ältere Schüler desselben Geschlechts verlieben. Doch solche Gefühle sind in unserer Kultur nach wie vor verpönt. Homosexualität wird als Abnormität angesehen – und so passen sich die meisten von uns der herrschenden Norm an und verlieben sich in Angehörige des anderen Geschlechts.

M. Scott Peck weist dem biologischen Faktor eine entscheidende Bedeutung zu, mit dem sich meiner Ansicht nach jedoch nicht alles erklären läßt. Wenn in unserer Gesellschaft Homosexualität als normal und nicht als «abartig» angesehen würde, träten mit Sicherheit viel mehr gleichgeschlechtliche Obsessionen auf. Dies geschah beispielsweise im Ersten Weltkrieg, als viele junge Männer in den Schützengräben die Schrecken des Krieges erlebten. Viele schwärmten für ihre Truppenführer, die die furchtbare Situation in ihren Augen kompetent und souverän meisterten. Dies führt uns zu einem anderen wichtigen Aspekt zwanghafter Liebe zurück:

Wenn wir uns schwach und hilflos fühlen, neigen wir dazu, uns in Menschen zu verlieben, von denen wir uns Rückhalt und Unterstützung erhoffen.

Ist alles nur Illusion?

Leider ja. Der zentrale Aspekt zwanghafter Liebe ist, daß sie auf einer Illusion beruht, die wir zudem selbst geschaffen haben – ohne Zutun des anderen. Er ist bestenfalls zu zehn Prozent daran beteiligt.

Wir werden Opfer unseres Wunschdenkens. Wenn wir uns lange genug nach dem Märchenprinzen sehnen, dann wird er uns früher oder später auch begegnen – oder zumindest jemand, der diese Funktion übernehmen kann. Wenn wir von einer Obsession beherrscht werden, ist unsere Wahrnehmung so verzerrt, daß wir das Objekt unserer Zuneigung nicht realistisch, sondern stark idealisiert sehen. Wenn wir uns ganz intensiv wünschen, uns zu verlieben, wird uns eines Tages auch jemand begegnen, der in unser Traumbild paßt.

Unsere Sehnsüchte und Wünsche hindern uns daran, die Dinge zu sehen, wie sie sind. Es ist wie bei Müttern, die stolz Fotos von ihren Kindern herumzeigen. Die meisten Mütter glauben wirklich, daß ihre Kinder wunderhübsch sind und lassen sich selten von dieser Meinung abbringen. Für eine liebende Mutter *ist* ihr eigenes Kind wunderschön. Und in den Augen des schmachtenden Liebhabers ist der geliebte Mensch wirklich etwas ganz Besonderes – mit keinem anderen Menschen zu vergleichen.

Ein weiterer wesentlicher Aspekt zwanghafter Liebe ist die Tatsache, daß selten eine richtige Beziehung zustandekommt, was dazu führt, daß der Verliebte dem Objekt seiner Sehnsüchte Eigenschaften andichtet, die er oder sie in Wirklichkeit gar nicht besitzt. Sehr oft lernen wir die geliebte Person gar nicht näher kennen, so daß wir sie mit allen möglichen Eigenschaften ausstatten können – guten wie schlechten – so, wie es am besten in unser Bild paßt.

Vera Diamond vermutet, daß sich die Betroffenen ganz tief in ihrem Innern ihrer Situation bewußt sind. Sie wissen, daß ihre Liebe niemals erwidert werden wird, aber wegen ihrer starken Sehnsucht wollen und können sie nicht auf ihre innere Stimme hören.

«Für den Bruchteil einer Sekunde wissen wir, daß diese Person uns nie wiederlieben wird, aber unser Gehirn blendet diese Information sofort wieder aus, und wir handeln so, als könnten wir von einer Erwiderung unserer Liebe ausgehen. Wir hängen zu sehr an unserem Traum, unserem Ideal.

Wir erhalten zwar eine kurze Warnung, aber wir ignorieren sie, denn die Obsession läßt sich durch nichts erschüttern. Auch in der griechischen Tragödie gibt es stets eine Vorwarnung, eine Weissagung – Ödipus erfährt durch ein Orakel von seinem zukünftigen Schicksal, doch nichts vermag den unerbittlichen Lauf der Ereignisse aufzuhalten. Und Macbeth erfährt durch die Hexen, daß er König werden wird, daß seine Söhne ihr Erbe jedoch nicht antreten werden. Auch er versucht, ganz wie die Helden der griechischen Tragödie, die Prophezeiung zu unterlaufen.

Doch, was einmal in Gang gesetzt wurde, läßt sich nicht mehr anhalten, und dasselbe trifft auf die zwanghafte Liebe zu. Wir werden gewarnt, wir empfangen vom anderen deutliche Signale, die uns sagen, daß er nicht interessiert ist und daß wir uns zurückziehen sollen, aber das alles kann uns nicht beirren. Der zwanghaften Liebe haftet eine fatale Unausweichlichkeit an.»

Und falls die andere Person je unserem Werben nachgeben und eine feste Partnerschaft oder gar eine Ehe mit uns eingehen sollte, so wird diese Beziehung ebenso unausweichlich scheitern. Es wird sich keine Gleichheit oder Ausgewogenheit zwischen den Partnern entwickeln. Eines Tages kühlt die Leidenschaft ab, und wir entdecken, daß der von uns so idealisierte Partner in Wirklichkeit ein fehlbares, unvollkommenes menschliches Wesen ist.

Wenn die geliebte Person von dem Podest stürzt, auf das wir sie gehoben haben, ist der Aufprall in der Tat gewaltig – und unsere Illusionen werden in ihren Grundfesten erschüttert. Wir werfen unserem Partner vor, daß er unseren hochgeschraubten Erwartungen nicht entspricht, daß er nicht mehr derselbe Mensch ist, den wir geheiratet haben. Ich spreche hier nicht von ausgeglichenen Partnerschaften, in denen die erste glühende Leidenschaft allmählich abgeklungen ist und sich in ein dauerhafteres, tieferes Gefühl verwandelt hat, sondern von einer einseitigen Beziehung, in der ein Partner leidenschaftlich verliebt ist, während der andere innerlich distanziert bleibt, weil er oder sie sich nur aus Mitleid oder Freundschaft oder dem Wunsch, eine Familie zu gründen, auf die Beziehung eingelassen hat.

Die Rolle der Sexualität

In früheren Jahrhunderten kam es zwischen dem unglücklich Verliebten und dem Objekt seiner Leidenschaft selten zu einer sexuellen Begegnung. Heutzutage ist es sehr wahrscheinlich, daß es zu irgendeiner Form des sexuellen Kontakts kommt, auch wenn nur einer der beiden Partner verliebt ist. Sex ist mittlerweile zu einer Alltäglichkeit geworden.

Aber auch hier spielen Illusionen und Wunschdenken eine große Rolle. Seit der sexuellen Revolution in den sechziger Jahren haben wir Sex und Liebe oft miteinander verwechselt – glaubten, oder wollten glauben, daß körperliche und emotionale Nähe ein und dasselbe seien. Doch wenn es in einer einseitigen Liebesbeziehung zu sexuellem Kontakt kommt, so werden wir ihn als ebenso enttäuschend und unbefriedigend empfinden wie alle anderen Bereiche der Beziehung. Unter Umständen wird uns die Leere und der Mangel an echter Nähe, die eine innige Beziehung ausmacht, noch stärker bewußt.

Wie sehr wir uns auch nach körperlicher Verschmelzung sehnen, sie wird niemals wirkliche Nähe erzeugen. Wir werden ernüchtert feststellen, daß uns die sexuelle Begegnung keinen Schritt weitergebracht hat, daß unser Partner nach wie vor unzugänglich oder gar verstört ist.

Heutzutage sehnen sich junge Leute beiderlei Geschlechts nach sexuellen Begegnungen – und das mag ein weiterer Auslöser für eine Obsession sein. Die Vorstellung, daß junge Mädchen begierig auf sexuelle Erfahrungen sein könnten, ist in unserer Gesellschaft relativ neu; sie begann sich erst in den fünfziger, sechziger Jahren allmählich durchzusetzen. Und seit dieses Bedürfnis nun zu einer Selbstverständlichkeit geworden ist, wünschen sich junge Mädchen, daß es eine wunderbare Erfahrung für sie werden wird. Gerade jene, die sich hoffnungslos verliebt haben, sehnen sich danach, mit jemand «Besonderem» zu schlafen, der es «wert» ist, und nicht mit irgendeinem x-beliebigen männlichen Wesen. Nach dem sexuellen Erlebnis ist die Obsession allerdings oft stärker denn je – und löst unter Umständen ein noch tieferes Trauma aus. Und die Beziehung wird allen Versuchen zum Trotz nie die ersehnte Erfüllung bringen.

Warum vergeht zwanghafte Liebe nicht?

Es mag vielen von uns seltsam erscheinen, daß die leidenschaftlichen, einseitigen Gefühle für einen anderen Menschen im Laufe der Zeit nicht einfach abklingen, sondern sich sogar noch verstärken. Warum heilt die Zeit diese Wunden nicht?

Wenngleich ich auf diese Frage in Kapitel 4 noch ausführlich eingehen werde, sei an dieser Stelle bereits angemerkt, daß es vor allem daran liegt, daß die Erfahrung einer zwanghaften Liebe ein tiefes Trauma auslöst. Wenn Menschen ein Trauma durchleiden, dann sorgt ihr Selbsterhaltungstrieb dafür, daß sie die tiefe Verletzung möglichst schnell verdrängen und vergessen.

Dieses Phänomen hat man beispielsweise bei ehemaligen KZ-Häftlingen beobachtet. Die Überlebenden schienen mit den schrecklichen Erlebnissen erstaunlich gut fertigzuwerden, sie gar zu vergessen. In manchen Fällen hatte es sogar den Anschein, als hätten sie überhaupt kein Trauma erlitten. Aber nach vielen Jahren, als allmählich die körperlichen Kräfte nachließen, begannen die Erfahrungen des Krieges sie einzuholen. Einige wurden von ihren Erinnerungen so verfolgt, daß sie keinen anderen Ausweg sahen, als sich durch Selbstmord von ihrem Alptraum zu befreien. Auch der Schriftsteller Primo Levi und der einflußreiche amerikanische Psychologe und Autor Bruno Bettelheim, beide Opfer des Naziregimes und beide sehr erfolgreiche, berühmte Männer, nahmen sich das Leben. Die Erinnerungen hatten eines Tages auch sie eingeholt – und sie konnten sie nicht ertragen.

Wir neigen dazu, traumatische Erfahrungen hinter den eisernen Toren unseres Unterbewußtseins zu verschließen. Allerdings ist uns selten bewußt, wieviel Kraft und Energie es kostet, das Geheimnis unter Verschluß zu halten und mit niemandem darüber zu sprechen. Aber im Laufe der Zeit wird es immer lauter an die Tore klopfen, bis eines Tages die Erinnerung herausbricht und in unser Bewußtsein dringt. Dies geschieht häufig dann, wenn wir keine Energie mehr haben, um sie noch länger in Schach zu halten, oder wenn wir geschwächt, alt oder krank sind.

Der einzige Weg, um sich von den traumatischen Erlebnissen der Vergangenheit zu befreien – ob es sich dabei nun um Kindesmißhandlung, den schmerzlichen Verlust eines Menschen oder zwanghafte Liebe handelt –, besteht darin, sie erneut zu durchleben und dadurch zu bewältigen. Auf diesen Weg habe auch ich mich schließlich begeben, und er führte zu tiefgreifenden, positiven Veränderungen. Wenn wir einmal in den Bann einer zwanghaften Liebe geraten sind, dann wird sie nicht einfach von selbst wieder verschwinden – wie sehr wir es uns auch wünschen mögen. Wir müssen dabei energisch nachhelfen. Die großen Leidenschaften in der Literatur endeten für die Betroffenen meist tragisch. Heutzutage sind wir dank neuer Therapieformen und Erkenntnisse in der Lage, die von der Obsession hinterlassene Wunde zu schließen und wieder zu selbstbewußten, ausgeglichenen, liebesfähigen Menschen zu werden. Wenn wir die negativen Gefühle aus der Vergangenheit überwunden haben, dann werden wir auch der Person, die uns einst so in ihren Bann zog und uns, wie wir vielleicht glauben, so tief verletzt hat, vergeben können.

TEIL ZWEI

Genesung

4 Gehen Sie das Problem an

Es fällt nicht leicht, sich zu einer Therapie zu entschließen, um traumatische Erlebnisse aus unserer Vergangenheit aufzuarbeiten. Zum einen können wir vorher nicht wissen, wie schmerzhaft der Prozeß sein wird; zum anderen beschäftigt uns die Frage: Kann ich dem Therapeuten oder der Therapeutin vertrauen? Wird er oder sie mir helfen können, mein seelisches Gleichgewicht wiederherzustellen, oder werde ich womöglich erst recht zusammenbrechen? Werde ich damit fertigwerden, wenn die vagen Erinnerungen, die halb vergessen, halb verdrängt sind, allmählich wieder an die Oberfläche kommen? Mit diesen Bedenken suchte ich *Morning Light* zum zweitenmal auf, um eine Therapie zu beginnen. Ich erhoffte mir davon, mein Trauma erneut durchleben und auflösen zu können, um schließlich gestärkt und befreit aus diesem Prozeß hervorzugehen.

Die Leiter von *Morning Light*, einem kleinen Therapiezentrum in Schottland, vierzehn Meilen von Pitlochry entfernt, hatten mir anläßlich eines Artikels, den ich in einer Sonntagszeitung über verschiedene Therapieformen veröffentlicht hatte, einen sehr netten Brief geschrieben. Ich hatte bereits bei meinem ersten Besuch einen Eindruck von ihrer Arbeit mit erwachsenen Opfern von Kindesmißbrauch gewonnen. Ich fand ihre Methoden einfühlsam und überzeugend und glaubte, daß sie auch mir helfen könnten. Nachdem die ganz zufällige Begegnung mit meinem ehemaligen Freund etwas in Gang gesetzt hatte, wußte ich, daß der richtige Zeitpunkt gekommen war, um mich mit meinem traumatischen Erlebnis auseinanderzusetzen.

Nach Ansicht vieler Psychologen können völlig unangemessene

Reaktionen auf relativ belanglose Ereignisse – wie das nervöse Kribbeln im Bauch, als ich meinen Exfreund wiedertraf – ein Anzeichen für ein verborgenes Trauma sein, und man sollte versuchen, diesen Empfindungen auf den Grund zu gehen. Wenn uns etwas zornig macht, was uns eigentlich nicht sonderlich berühren sollte, wenn uns eine banale Begebenheit beunruhigt, verstört oder ein tiefes Unbehagen in uns auslöst, dann könnte sich hinter dieser Reaktion ein tiefsitzendes, verdrängtes Trauma verbergen, das sich zu regen beginnt und versucht, in unser Bewußtsein vorzudringen.

Während ihrer jahrelangen praktischen Arbeit haben die Therapeuten von *Morning Light* ihre eigenen Methoden entwickelt, die sich zwar keiner psychoanalytischen Richtung eindeutig zuordnen lassen, die allem Anschein nach jedoch sehr erfolgreich sind. Bereits nach meinem ersten Besuch dort war ich überzeugt davon, daß ihre Methoden nicht nur absolut seriös waren, sondern daß sie den Menschen wirklich halfen – was man von anderen psychotherapeutischen Verfahren nicht unbedingt behaupten kann.

Während der Sitzungen liegen wir auf einem Bett oder einer Liege. Die Therapeutin ermutigt uns, eine Reise in die Vergangenheit zu unternehmen und geht mit uns in die Zeit zurück, in der das Trauma ausgelöst wurde oder zu dem Zeitpunkt, als wir zum erstenmal die Auswirkungen des Traumas zu spüren bekamen. Die Therapeutin stellt ihre Fragen stets in der Gegenwartsform; wenn wir uns beispielsweise daran erinnern sollen, was wir im Alter von fünf Jahren erlebt haben, dann wird sie ihre Fragen so formulieren, als wären wir gerade in dieser Lebensphase. Mit Hilfe dieser Methode lassen sich lange und tief verborgene Traumata an die Oberfläche holen. Dieser Prozeß verläuft oftmals sehr schleppend oder schubweise, da wir jederzeit auf innere Widerstände stoßen können.

Das Ziel der Therapie besteht darin, den seelischen Schmerz zu lösen und zu verarbeiten. Darüber hinaus will man eine Veränderung unserer Grundhaltung erreichen. Wir sollen aufhören, uns oder anderen die Schuld für etwas zu geben, das sich nicht mehr ändern läßt, damit wir mit einer positiven Einstellung und mit neuer Energie unser Leben angehen.

Die Sitzungen sind zeitlich unbegrenzt, so daß wir uns so viel Zeit nehmen können, wie wir brauchen. Eine Sitzung kann deshalb durchaus mehrere Stunden dauern. Alles wird auf Band aufgenommen, denn es ist wichtiger Bestandteil der Therapie, mit einer mitfühlenden und verständnisvollen Person die Sitzungen nachträglich aufzuarbeiten. Die Klienten werden dazu angeregt, sich die Aufnahmen so bald wie möglich anzuhören. Viele sind überrascht, wenn ihnen bewußt wird, was sie während der Sitzung gesagt haben. Wir stehen zwar nicht unter Hypnose, befinden uns jedoch häufig in einem veränderten Bewußtseinszustand.

Die beiden Therapeuten Veronica Stephenson und Clive Malcouronne, die seit über fünfzehn Jahren mit dieser Methode arbeiten, verlangen für die Therapie selbst kein Geld – lediglich für Unterkunft und Verpflegung, da man für die Dauer der Therapie in *Morning Light* wohnt. Clive und Veronica halten es für gefährlich, die Klienten, noch während sie innerlich aufgewühlt und verletzlich sind, mit ihrem Alltag und dem Berufsleben zu konfrontieren; die Erfolge der Therapie könnten mit einem Schlag wieder zunichte gemacht werden.

Während meiner eigenen Therapiesitzungen staunte ich immer wieder darüber, daß ich mich noch an so vieles erinnern konnte. Ich war außerdem überrascht, wie emotional ich auf manche Fragen reagierte, denn ich hatte mich eigentlich immer für einen nüchternen und verstandesbetonten Menschen gehalten.

Die Therapie

Bevor die eigentliche Therapie beginnt, stellen Veronica und Clive sehr gezielte Fragen, so daß man mit etwas Glück schnell zum Kern des Problems vordringt, ohne Zeit mit Nebensächlichkeiten zu vergeuden. Dann ging Veronica mit mir in meine Kindheit zurück, bis zum Alter von etwa vier Jahren, und stellte mir Fragen über diese Zeit. Da ich nicht unter Hypnose stand, war ich mir meiner Antworten voll bewußt. Ich empfand es überhaupt nicht als unangenehm, über Dinge zu sprechen, die ich bisher noch keinem Menschen erzählt hatte.

Es stellte sich heraus, daß ich eine relativ glückliche Kindheit verlebt hatte, obwohl mein Vater Alkoholiker gewesen war und wir keine gute Beziehung zueinander gehabt hatten. Bis etwa zu meinem zehnten Lebensjahr wuchs ich hauptsächlich in der Obhut meiner Großeltern und einer alleinstehenden Tante auf. Die erstaunlichste Erkenntnis über meine Kindheit war, daß ich das Gefühl gehabt hatte, «anders» als die anderen und etwas Besonderes zu sein – ein Faktor, der, wie in Kapitel 3 erläutert, die Neigung zu zwanghafter Liebe begünstigt. Ich erinnerte mich ferner daran, daß ich nicht das Gefühl gehabt hatte, wirklich zu meiner Familie zu gehören. Ich war eine «kleine Prinzessin», die unter Bauern lebte. Als erste in der Familie ging ich auf eine Universität.

Die erste Sitzung, die etwa drei Stunden dauerte, endete mit meinem achtzehnten Lebensjahr, kurz vor Beginn meines Studiums. Ein erfolgreicher Schulabschluß hatte mir eine gute Portion Selbstbewußtsein gegeben, und ich hielt mich für eine intelligente, weltgewandte, unkonventionelle und rebellische junge Frau. Ich war eine glühende Anhängerin der Anti-Kriegsbewegung, hatte an mehreren Demonstrationen teilgenommen und interessierte mich für Kunst und Literatur. Damals konnte ich mir nichts Schlimmeres vorstellen, als für «bourgeois» gehalten zu werden. Ich wollte etwas erreichen, aber was, das wußte ich selber nicht. Ich besaß zweifellos eine hohe Meinung von mir, litt jedoch auch unter Gefühlen wie Verletzlichkeit und mangelnder Zugehörigkeit. Schließlich war ich ja im Begriff, mich in eine völlig fremde Welt – die der Universität – vorzuwagen, und würde darüber hinaus Hunderte von Meilen von meiner Familie getrennt sein.

In der zweiten Therapiesitzung, die am folgenden Tag stattfand, gingen wir mein traumatisches Erlebnis an. Am allermeisten erstaunte mich, wie frisch und unverarbeitet meine Gefühle John gegenüber immer noch waren. Ich durchlebte noch einmal, wie ich ihn in einer Warteschlange in der Mensa zum erstenmal sah, wie ich versuchte, ihn näher kennenzulernen, wie ich bei ihm auf eine

Mauer der Gleichgültigkeit stieß, wie ich ihn zu allen möglichen Parties einlud, ihm auflauerte, ihn verfolgte, von ihm träumte. Die ganze Zeit über fragte mich Veronica nach meinen Empfindungen; ich sollte beschreiben, was ich in den verschiedenen Situationen empfand, welche Gefühle ich durchlebte.

Ich sollte Johns Aussehen beschreiben, und konnte mich, obwohl ich ihn seit 1965 nicht mehr gesehen hatte und auch kein Foto von ihm besaß, noch an jede Einzelheit erinnern, bis hin zur genauen Farbe seiner Augen. Obwohl ich ganz bewußt versucht hatte, sämtliche Erinnerungen an ihn zu verdrängen, fiel mir alles wieder ein. Veronica fragte mich, was mich an ihm so beeindruckte, und deutete an, daß er wohl eine ganz besondere Ausstrahlung auf mich hätte, daß er sich in meinen Augen offenbar deutlich von der «breiten Masse» abhob. Das «Besondere» an ihm war für mich seine ungeheure Attraktivität – er sah nicht nur umwerfend aus, er war einfach faszinierend, irgendwie außergewöhnlich. Außerdem strahlte er ein auffallend starkes Selbstvertrauen aus.

«Wenn Sie mit ihm sprechen, haben Sie dann das Gefühl, ihn schon sehr lange zu kennen?» fragte Veronica.

Ich antwortete, daß er mir überhaupt nicht fremd wäre, obwohl wir uns vorher noch nie gesehen hätten. Niemand hatte je zuvor eine solche Wirkung auf mich gehabt. Ich war machtlos, meine Gefühle zu kontrollieren oder zu verstehen. Wie die Geliebte des französischen Leutnants in dem gleichnamigen Roman von John Fowles hatte ich nur einen Blick auf ihn geworfen, und es war um mich geschehen.

Und ich fühlte mich gar nicht wohl in meiner Haut. All die alten Gefühle wurden wieder lebendig: große Angst und Verunsicherung; ich wußte nicht, wie ich mich verhalten sollte, hatte keine Kontrolle über mich, fühlte mich meinen Gefühlen hilflos ausgeliefert. Gleichzeitig empfand ich tiefe Beschämung und starke Schuldgefühle – ich hatte mir alles selbst zuzuschreiben. Veronica sagte, daß diese Erfahrung vermutlich mein Selbstwertgefühl zutiefst erschüttert hätte, da mir jegliches Gefühl für meine Identität verlorengegangen wäre. Sie vermutete, daß John Katz und Maus mit mir spielte – daß er nicht interessiert war oder zumindest kein Interesse zeigte, mir jedoch trotzdem auf Parties und bei anderen Gelegenheiten das Gefühl vermittelte, daß er mich attraktiv fände. Ich erinnerte mich allerdings auch daran, daß er ziemlich ungehalten darüber war, daß ich ihn so bedrängte.

Mein sexuelles Erlebnis mit John mußte ich mir mühsam ins Gedächtnis zurückrufen. An die Details kann ich mich bis heute nicht erinnern. Ich weiß allerdings noch, daß es nur unter größten Schwierigkeiten zur Penetration kam. Und daß er ziemlich abgebrüht und gelangweilt auf mich gewirkt hatte, so als würde er jeden Tag ein anderes Mädchen verführen. Mir fiel wieder ein, daß es auch für ihn trotz größerer sexueller Erfahrung nicht einfach war.

Es stellte sich heraus, daß ich für John sehr leidenschaftliche Gefühle gehegt hatte und überzeugt davon war, ihn zu lieben. Ich wußte aber auch, daß er überhaupt nichts für mich empfand. Ich war mir eigentlich sicher, daß wir niemals eine richtige Beziehung haben würden. Darüber war ich sehr unglücklich. Doch ich war bereit, alles in Kauf zu nehmen, solange ich ihn nicht ganz aufgeben mußte.

Nachdem ich die Erfahrung erneut durchlebt hatte, konnten wir mit der Aufarbeitung beginnen. Veronica sagte: «Wie viele von uns hatten Sie eine Idealvorstellung, einen Traum, und glaubten, ihn in John gefunden zu haben. Irgend etwas an John hat dieses Gefühl in Ihnen ausgelöst. Doch schließlich müssen Sie feststellen, daß er nur die Widerspiegelung Ihres Ideals ist und nicht das Ideal selbst.»

Sie fügte hinzu, daß sich Realität und Projektion manchmal nur schwer auseinanderhalten lassen. Ich erwiderte, daß ich wohl auf John eine Idealvorstellung projizierte, die schon lange in meinem Kopf existiert hatte. Veronica vermutete, daß es John vielleicht gereizt hatte, mich zu erobern, daß er jedoch in dem Moment, in dem er sein Ziel erreicht hatte, das Interesse an mir verlor.

Sie fragte mich weiter, welche persönlichen Bedürfnisse John denn befriedigte oder befriedigen sollte. Ich antwortete, daß ich natürlich sexuelle Erwartungen an ihn hatte (ich war fest entschlossen gewesen, an der Universität das erste Mal mit einem Mann zu schlafen – ich mußte eben nur den richtigen finden), daß ich mich jedoch gleichzeitig vor dem Erlebnis sehr gefürchtet hatte. Außerdem schien er bestimmte intellektuelle Bedürfnisse zu befriedigen. Ich fand, daß er eher ein intellektueller, feinsinniger Mensch war, mit künstlerischen Neigungen und einem sprachlichen Gespür, auch wenn er keine schriftstellerische Begabung besaß. Er beteiligte sich aktiv am geistigen und künstlerischen Leben der Universität, gab Zeitschriften heraus und inszenierte Theaterstücke. Er schien das nötige Selbstbewußtsein dafür zu besitzen.

Noch viel wichtiger für mich war vielleicht die Tatsache, daß er im Gegensatz zu den meisten Erstsemestern nicht direkt von der Schule kam. Er war herumgereist und hatte die Welt gesehen – was damals jenseits meiner Erfahrungswelt lag – und wirkte deshalb auf mich ungeheuer interessant, unnahbar und überlegen.

«Welche Bedürfnisse hat er denn nicht befriedigt?» fragte mich Veronica.

Natürlich hatte er meine emotionalen Bedürfnisse nicht befriedigt, da wir ja nie eine richtige Beziehung hatten und er auch kein echtes Interesse an mir zeigte. Ich reagierte darauf mit Schock, Krankheit und Trauma.

Wir sprachen über die verschiedenen Krankheiten, die ich bekam, nachdem er den Kontakt zu mir abgebrochen hatte. Ich erzählte, daß sich zu diesem Zeitpunkt meine leidenschaftliche Liebe zu ihm in einen bis heute andauernden, bitteren Haß verkehrte. Während der Therapie brach mein ganzer aufgestauter Zorn auf John hervor. Ich sagte, daß mir noch nie in meinem Leben eine solche Zurückweisung widerfahren wäre, daß mir noch nie jemand so weh getan hätte. Es wundert nicht, daß mein Selbstwertgefühl einen schweren Schlag erlitt und ich schließlich meine Selbstachtung verlor. Während wir diese Phase meines Lebens gemeinsam durchgingen und mit den Erinnerungen die alten Empfindungen wieder lebendig wurden, verspürte ich wieder dieses Gefühl im Magen, das so intensiv war, daß es schmerzte.

Dann begann die Genesungsphase der Therapie. Veronica machte mir bewußt, daß ich zwar meine Selbstachtung, meine Würde und meine Identität verloren hatte, daß ich jedoch alles wiedergewinnen würde. Ich hatte es nicht nur einfach überstanden, sondern ging sogar gestärkt aus der Erfahrung hervor. Jetzt war es an der Zeit, das schmerzhafte Erlebnis loszulassen und den Knoten endgültig zu lösen. Nur dann würde es mir gelingen, die negativen Gefühle, die ich so lange mit mir herumgetragen hatte, zu überwinden: Selbstvorwürfe, Schuldgefühle, Beschämung und Groll auf John, der in vieler Hinsicht nur ein unbeteiligter Zuschauer gewesen war.

«Damals», sagte sie, «waren Sie demoralisiert, am Boden zerstört. Sie hatten sich selbst verloren. Sie waren Opfer Ihrer zwanghaften Gefühle. Aber nun haben Sie sie überwunden, und können den alten Schmerz loslassen. Stellen Sie sich ihn als ein Trommeln vor, das in der Ferne verhallt – er kann Ihnen nichts mehr anhaben. Er kann Ihnen nur so lange etwas anhaben, solange Sie ihn in Ihr Unterbewußtsein abschieben und sich weigern, ihn zu verarbeiten.»

Der Erfolg der Therapie

Nach zwei dreistündigen Sitzungen konnten wir auch diesen Teil der Therapie abschließen. Die Wirkung war verblüffend. Das erste, was mir auffiel, war, daß sich meine Gefühle John gegenüber veränderten. An die Stelle der verschwommenen Erinnerungen, die mit negativen Gefühlen ihm gegenüber behaftet waren, war nun ein viel klareres, realistisches Bild getreten: Aus dem Luzifer oder Graf Drakula von einst war ein junger, unsicherer Mann geworden.

Als ich mir die Tonbandaufzeichnungen der Sitzungen anhörte, wurde dieser Prozeß noch verstärkt. Mir wurde zum erstenmal bewußt, daß John wirklich alles versucht hatte, um mir sein Desinteresse zu verstehen zu geben, ohne mich allzusehr zu verletzen. Gleichzeitig jedoch fand er mich attraktiv genug, um mit mir schlafen zu wollen. Nachdem ich mir alle Aufnahmen angehört hatte, stellte ich fest, daß ich John und auch mir selbst verzeihen konnte. Offensichtlich hatte es ihn nicht sonderlich belastet, daß ich mehr als fünfundzwanzig Jahre meines Lebens diese schwere Last aus Groll mit mir herumgetragen hatte, aber es hatte mir selbst überhaupt nicht gut getan. Mir wurde bewußt, daß ich mich in meinem ganzen späteren Leben nie richtig auf andere Menschen einlassen konnte, weil ich einen Großteil meiner Energien darauf verwendete, den Schmerz aus meiner Vergangenheit in Schach zu halten.

Darüber hinaus hatte ich mich innerlich «betäubt», indem ich mich in Beruf, Familienleben und Haushalt gestürzt hatte – zweifellos sehr befriedigende, sinnvolle Beschäftigungen –, aber sie hatten in all den Jahren als eine Art «Betäubungsmittel» gewirkt. Ich hatte dafür gesorgt, daß ich zu beschäftigt war, um mich mit mir selbst auseinanderzusetzen. Erst als die «Narkose» allmählich nachließ, als die Kinder erwachsen wurden, meine Ehe auseinanderging und ich mich beruflich etabliert hatte, klopften die alten Gefühle wieder an die Tür und wollten herausgelassen werden.

Mir war immer bewußt, daß ich eine Menge auf Eis gelegter Gefühle mit mir herumtrug, an die ich nicht herankam, aber bis zu meiner Therapie hatte ich keine Ahnung, daß sie von meiner unglücklichen Liebesgeschichte herrührten. Ich hätte nie geglaubt, daß eine Beziehung, die so kurz, so unbefriedigend und einseitig war, eine so tiefe und dauerhafte seelische Verletzung verursachen könnte. Doch die heftigen Gefühle, die während der Therapie zutage traten, ließen keinen Zweifel daran.

Viele von uns fragen sich vielleicht, ob nicht ein Großteil der Erinnerungen, die während der Therapie hochkommen, eher unserer Phantasie entspringen als der Realität. Und wir befürchten möglicherweise auch, daß wir, wenn wir uns in einem veränderten Bewußtseinszustand oder gar unter Hypnose befinden, von unserem Therapeuten beeinflußt werden könnten.

Ich kann natürlich nur für mich sprechen, aber nach meiner

persönlichen Erfahrung ist es unmöglich, während der Therapie zu lügen, zu phantasieren oder irgend etwas zu erzählen, das nicht der Wahrheit entspricht. Ich konnte mich natürlich nicht bis ins letzte Detail an die damaligen Ereignisse erinnern, und ich bin mir auch sicher, daß sich meine Erinnerungen nicht hundertprozentig mit der Realität decken, was aber ganz klar und deutlich zutage trat, waren meine emotionalen Reaktionen auf jene Ereignisse.

Während der Therapie ertappte ich mich ein paarmal bei dem Gedanken: «Ich zeige mich hier ja in keinem sehr guten Licht. Ich sollte keinen so weinerlichen Ton anschlagen. Ich sollte irgendwie souveräner auftreten – wie eine Frau von Welt.» Trotzdem gelang es mir nicht, mich anders zu geben oder etwas anderes zu erzählen.

Nach meiner Therapie wurde ich des öfteren gefragt, ob die Sitzungen irgend etwas bewirkt hätten, was nicht ebensogut in einem Gespräch mit einer guten Freundin hätte erreicht werden können. Darauf kann ich nur antworten, daß sich ein Therapiegespräch mit einem Gespräch zwischen Freunden nicht vergleichen läßt. Abgesehen davon, daß unsere Freunde wohl kaum davon begeistert wären, sich sechs Stunden lang eine jammervolle Geschichte über eine längst vergangene, unglückliche Liebe anzuhören, so würden sie wohl auch kaum verstehen, wie tief uns das Erlebnis erschütterte, ja, wie traumatisch es für uns war.

Ich verließ *Morning Light* mit dem Gefühl, ein neuer Mensch zu sein. Es war, als hätte ich in meinem bisherigen Leben als Erwachsene einen zentnerschweren Sack voll seelischem Ballast mit mir herumgetragen, ohne überhaupt davon zu wissen. Eine der stärksten Auswirkungen der Therapie war, daß eine ungeheure Menge an aufgestauter Energie in mir freigesetzt wurde. Anfangs drückte sich dies in verwirrenden sexuellen Gefühlen aus – keiner bestimmten Person gegenüber, sondern Empfindungen, die ganz von selbst in mir erwachten. Ich erwähnte es Veronica gegenüber, die mir erklärte, daß eine Therapie die gesamte Gefühlswelt aufrüttelt und es einige Zeit dauern kann, bis sich alles wieder beruhigt.

Mein Wiedersehen mit John

So hilfreich die Therapie auch gewesen sein mochte, so hatte ich doch das Gefühl, daß die Sache für mich noch nicht ganz abgeschlossen war. Da war noch etwas unerledigt geblieben: Ich spürte, daß ich dieses Kapitel erst endgültig würde abschließen können, wenn ich John noch einmal wiedersah. Veronica Stephenson hielt es für eine gute Idee, sich mit ihm zu treffen. Doch wie sollte ich das anstellen? Ich hatte ihn seit fünfundzwanzig Jahren nicht mehr gesehen und wußte nicht einmal, ob er überhaupt noch lebte.

Schließlich dauerte es keine halbe Stunde, ihn ausfindig zu machen. Ein gemeinsamer Freund erzählte mir, daß John seit langem geschieden war, daß seine Exfrau aber noch in unserer Gegend wohnte. Ich ließ mir von der Auskunft ihre Nummer geben und rief einfach an. Sie erzählte mir, daß John mittlerweile in Singapur lebte und bald nach Australien gehen würde, aber für einige Wochen in England sei. Er wohnte bei ihrer gemeinsamen Tochter in Wales und beendete gerade seine Doktorarbeit. Sie gab mir seine Telefonnummer, ohne mich zu fragen, warum ich ihn sprechen wollte.

Mit klopfendem Herzen wählte ich seine Nummer. John meldete sich mit einer tiefen, fremden und barschen Stimme. Als ich mich vorstellte und ihm erzählte, daß wir zusammen auf der Universität gewesen seien, fragte er immer noch unwirsch: «Wie sind Sie auf die Idee gekommen, mich nach all den Jahren ausfindig zu machen?»

Ich erzählte ihm, daß ich an einem Buch über unglückliche Liebe (ich fand den Ausdruck «zwanghafte Liebe» ein wenig zu stark) arbeitete und fügte hinzu, daß ich ihn nie ganz hätte vergessen können. Ich fragte ihn, ob er bereit sei, sich mit mir zu treffen und über das, was vor all den Jahren zwischen uns vorgefallen war, zu sprechen.

Er hatte Schwierigkeiten, sich an mich zu erinnern. «Waren Sie eine Studentin von mir?» wollte er wissen.

Nein, sagte ich, wir seien gleich alt.

Er dachte nach. «Haben Sie schwarze Haare und blaue Augen?»

«Nein», antwortete ich. «Ich habe zwar schwarze Haare, aber keine blauen Augen.» Wir unterhielten uns etwa zehn Minuten lang – über seine Doktorarbeit, über sein vergangenes Leben – und ich merkte, daß er noch immer verzweifelt versuchte, mich einzuordnen. Aber es gelang ihm nicht.

Am nächsten Morgen rief er zurück: Er hatte sich wieder an mich erinnert – lebhaft und deutlich und nicht ohne einen gewissen Schmerz. Er wußte jetzt genau, wer ich war und sagte, daß er mich ganz deutlich vor Augen hätte. Diesmal klang er ganz anders, viel freundlicher, obwohl er auf meinen Vorschlag, sich zu treffen, immer noch ausweichend reagierte.

Als wir auf unsere Beziehung zu sprechen kamen, erzählte ich ihm, daß ich unsterblich in ihn verliebt gewesen sei und daß ich damals völlig die Kontrolle über meine Gefühle verloren hätte. Ich hatte John als einen ziemlich arroganten jungen Mann in Erinnerung. Er schien sich tatsächlich verändert zu haben. Er reagierte sehr mitfühlend und erzählte mir, daß auch er sich jahrelang einer Therapie unterzogen hätte, daß er mein Bedürfnis, «die Gespenster aus der Vergangenheit zu vertreiben» und das vergangene Erlebnis zu bewältigen, sehr gut verstehen könne. Er fragte mich, ob wir eine Beziehung gehabt hätten, und ich antwortete, daß man das eigentlich nicht sagen könnte, daß wir allerdings einmal miteinander geschlafen hätten. Er erinnerte sich sofort daran und meinte, daß es für ihn eine sehr schmerzliche und traumatische Erfahrung gewesen sei.

Er erzählte, daß er gerade versuchte, seine Doktorarbeit abzuschließen – nach dreiundzwanzig Jahren! – und daß er rätselhafte Fußbeschwerden hätte. Seine Knöchel würden derart anschwellen, daß er sich nicht mehr bewegen könnte. Er war bei mehreren Ärzten gewesen, doch keiner hätte ihm helfen können. Johns eigene Erklärung war, daß er die Krankheit unbewußt herbeigeführt hatte, um sich erst nach Beendigung seiner Doktorarbeit rühren zu können. Er sagte, er könnte nur kurze Strecken laufen. Seit drei oder vier Wochen hätte er das Haus nicht mehr verlassen.

Ich spürte, daß er sich innerlich immer noch gegen ein Wiedersehen sträubte, obwohl wir mittlerweile ein paar sehr nützliche und lange Telefongespräche geführt hatten – die ersten richtigen Gespräche, seit ich ihn kannte. Eines Tages rief er an und teilte mir mit, daß er keine Möglichkeit zu einem Treffen sähe, da er mit seiner Doktorarbeit nicht weiterkäme und bald nach Singapur zurückfliegen müßte.

Ich schlug vor, daß wir uns, wenn alle Stricke reißen würden, ja noch auf dem Flughafen treffen könnten – und genau das passierte schließlich. Ich war fest entschlossen, ihn nicht in den Fernen Osten entwischen zu lassen, ohne ihn noch einmal gesehen zu haben, und das Bild, daß ich seit 1963 mit mir herumtrug, möglicherweise zu revidieren. Vielleicht machte er sich wirklich Gedanken wegen seiner Promotion. Vielleicht hatte er auch wirklich Bedenken, mich wiederzusehen. Trotzdem war er schließlich einverstanden, sich mit mir am Check-in-Schalter auf Heathrow zu treffen.

In den Wochen, in denen ich mit ihm in telefonischem Kontakt stand, war ich innerlich völlig aufgewühlt. Ich stand wie damals unter einer starken nervlichen Anspannung, und an dem Tag unseres Wiedersehens kam ich mir vor, wie ein Teenager: Ich war ganz krank vor Aufregung.

Ich stand bereits eine halbe Stunde vor dem verabredeten Termin am Schalter, weil ich ihn unter keinen Umständen verpassen wollte. An jenem milden Dezembertag herrschte auf dem Flughafen seltsamerweise wenig Betrieb. Aber würde ich John überhaupt wiedererkennen? Obwohl ich ihn vorgewarnt hatte, daß ich kein junges Mädchen mehr sei, sondern eine Frau mittleren Alters, hatte er angekündigt, daß er mich auf Anhieb wiedererkennen würde.

Schließlich entdeckte ich einen Mann, der John sein mußte: mittleres Alter, groß, graue Haare, grauer Bart, graue Jogginghose und Hausschuhe. Er war in Begleitung von zwei jungen Leuten – seiner Tochter und ihrem Freund, die ihn zum Flughafen gefahren hatten.

Ohne lange nachzudenken, ging ich auf ihn zu. Ich versuchte, möglichst ruhig und selbstsicher zu wirken. Um ein wenig innere Distanz zu gewinnen, redete ich mir ein, daß dieses Treffen rein beruflicher Natur sei. Ich wollte auf keinen Fall einen unsicheren Eindruck machen. «John?» fragte ich ihn, als ich vor ihm stand.

«Ja», antwortete er und lächelte. Wir gaben uns die Hand und verabredeten, uns im Restaurant im Erdgeschoß zu treffen. Ich hatte es geschafft! Ich hatte ihn wiedergesehen! Etwa zehn Minuten später kam er mit langsamen, vorsichtigen Schritten herunter ins Café. Seine geschwollenen Füße bereiteten ihm offenbar immer noch Probleme.

Wir tranken eine Tasse Tee und unterhielten uns – über unsere damalige Beziehung, seine Einstellung dazu, über sein Leben, seine Gedanken, Pläne und Hoffnungen. Es war wunderbar. Ich konnte es kaum fassen, daß dieser warmherzige, aufgeschlossene, kluge und gar nicht selbstgefällige Mann derselbe Mensch war, der mir jahrelang solche Seelenqualen bereitet hatte.

Als er sich zu mir gesetzt hatte, sagte er lächelnd: «Hier siehst du den großen Verführer vor dir! Ein mittelalterlicher Typ mit verkrüppelten Füßen.»

Und ich erwiderte: «Darum geht es eigentlich gar nicht – es geht eher um die Gefühle, die ich die ganze Zeit mit mir herumgetragen habe.»

Wir sprachen ganz offen über die sexuelle Seite unserer Beziehung. John warf sich vor, daß er es an jenem Nachmittag überhaupt soweit hatte kommen lassen. Er fand, daß wir uns zu diesem Zeitpunkt viel zu wenig gekannt hatten. Während wir uns unterhielten und er mir von seinem ungewöhnlichen und abenteuerlichen Leben erzählte, kam ich zu dem Schluß, daß ich damals entweder einen völlig falschen Eindruck von ihm gewonnen hatte oder daß er wirklich ein anderer Mensch geworden war.

Ich hatte ihn für einen ziemlich skrupellosen Frauenhelden gehalten und an dieser Meinung bis zu unserem Wiedersehen festgehalten. Wie immer er damals wirklich gewesen sein mochte (an der Universität war ihm der Ruf eines Herzensbrechers vorausgeeilt), so war er heute nicht mehr derselbe.

Er fragte mich, was für einen Mann ich mir eigentlich vorgestellt hätte und deutete mit einem kläglichen Gesichtsausdruck auf seine Pantoffel – die einzigen Schuhe, die er mit seinen geschwollenen Knöcheln tragen konnte. Ich erzählte ihm, daß ich mir einen griesgrämigen Professor ausgemalt hätte, so wie ihn Michael Caine in *Rita will es endlich wissen* gespielt hatte. Offensichtlich lag ich mit dem Bild, das ich mir nach unseren Telefonaten von ihm gemacht hatte, gar nicht so falsch.

Er war voller Überraschungen. Ich lernte einen Mann kennen, der nicht nur äußerst sympathisch war, sondern auch über viele ungewöhnliche Eigenschaften verfügte. Er war Universitätsdozent in Linguistik gewesen, hatte sich als Handwerker durchgeschlagen, hatte sich in Italien aus einer halben Ruine ein Haus gebaut, hatte in Libyen und Singapur gelebt und gelehrt. Er hatte auch, so erzählte er mir, einen Nervenzusammenbruch erlitten und seine Dozentenlaufbahn an einer englischen Universität abgebrochen. Er hielt überhaupt nichts vor mir zurück und war auch nicht bemüht, sich in einem besonders vorteilhaften Licht zu zeigen.

Ich empfand während dieser Begegnung Wärme und Sympathie für ihn. Ich stellte freudig überrascht fest, daß all der Haß und Groll, der sich jahrelang in mir aufgestaut hatte, verschwunden war, und daß die Angst, meine leidenschaftlichen Gefühle von einst könnten wieder aufflammen, völlig unbegründet war.

Es war ein großes Glück, daß auch er an sich gearbeitet hatte, sich in den vergangenen acht Jahren einer Therapie unterzogen hatte und an seiner persönlichen Weiterentwicklung interessiert war. Nach seiner Scheidung hatte er nicht wieder geheiratet und schien mit seinem Single-Dasein zufrieden zu sein.

Nachdem wir uns etwa eineinhalb Stunden miteinander unterhalten hatten, war es Zeit für ihn, in die Abflughalle zurückzukehren, und diesmal gaben wir uns nicht die Hand, sondern umarmten uns herzlich – eine ganz natürliche, spontane Geste.

Dann verschwand er erneut aus meinem Leben. Ich übertreibe nicht, wenn ich sage, daß ich auf dem Heimweg wie auf Wolken schwebte. Nach dieser Begegnung hatte ich das Gefühl, nun endlich auch den letzten Rest des alten seelischen Ballasts abgeworfen zu haben. Nachdem ich in *Morning Light* gewesen war und John wiedergetroffen hatte, stellten meine Freunde eine auffallende Veränderung an mir fest – sie sagten, ich wirkte viel gelöster und ausgeglichener.

Zunächst hatte ich Angst davor gehabt, eine Therapie anzufangen, und noch mehr schreckte mich die Vorstellung, mit John Kontakt aufzunehmen oder ihn gar wiederzusehen. Jetzt weiß ich, daß meine Furcht grundlos gewesen war: Wenn wir ein dunkles Geheimnis aus der Vergangenheit ans Licht holen, so hat das immer eine befreiende Wirkung. Schlafende Hunde nicht zu wecken oder zu glauben, daß wir über ein Ereignis «hinwegsein» müßten, allein, weil es schon so lange zurückliegt, sind keine Strategien, mit denen wir seelische Gesundheit erlangen. Es mag hilfreich und tröstlich sein, mit einfühlsamen Freunden über schmerzhafte Erlebnisse zu sprechen, aber unsere seelischen Wunden können nur heilen, wenn wir das Ereignis erneut durchleben. Erst wenn wir die Ursachen des Problems angehen, können wir es bewältigen.

Wenn Sie einer zwanghaften Liebe zum Opfer gefallen sind, haben Sie vielleicht das Gefühl, nichts dagegen unternehmen zu können. Es gibt jedoch eine ganze Reihe von Selbsthilfe-Strategien, die den Schmerz lindern und die Situation erleichtern können. Es ist ganz wichtig, daß wir verstehen, was mit uns geschieht. In Kapitel 5 werde ich Ihnen Wege aufzeigen, wie Sie sich aus einer hoffnungslosen zwanghaften Liebe befreien können.

5 Strategien zur Selbsthilfe

Wenn Sie je unglücklich verliebt waren, gaben Sie sich wahrscheinlich die größte Mühe, es niemanden merken zu lassen. Kaum jemand gibt gerne zu, von solch übersteigerten Gefühlen beherrscht zu werden – nicht einmal vor sich selbst. Man neigt dazu, die Realität zu verzerren und zu verdrehen, Empfindungen herunterzuspielen und abzustreiten – alles nur, um den Tatsachen nicht ins Auge sehen zu müssen. Der Grund dafür ist, daß es sich hier um ein Trauma handelt und unser Unterbewußtsein stets versucht, traumatische Erinnerungen und Erlebnisse zu unterdrücken, und zu verhindern, daß sie in unser Bewußtsein vordringen.

Selbst auf dem Höhepunkt des Traumas gelingt es dem analytischen und logischen Teil unseres Gehirns, uns einzureden, daß wir es nicht wirklich erleben oder daß es uns in keinster Weise berührt. Deshalb ist es nicht ungewöhnlich, wenn wir uns betont gleichgültig geben und versuchen, mit einer gewissen Lässigkeit darüber hinwegzugehen – um selbst vor uns die Wahrheit zu verbergen.

Ein schweres Trauma ruft immer das Bedürfnis hervor, die Realität zu leugnen. Und zwanghafte Liebe hat viel gemein mit all den anderen Geheimnissen, die uns peinlich sind und vor denen wir uns zu schützen suchen. Wir geben ungern zu, alkoholabhängig oder homosexuell zu sein, eßgestört, als Kind mißbraucht oder von unseren Eltern nicht geliebt worden zu sein. Wir leugnen es aus Scham. Und weil wir es leugnen, leugnet es die Gesellschaft.

Der Begriff der «Verleugnung» ist hier weiter gefaßt. Er bedeutet nicht nur, daß wir etwas nicht wahrhaben wollen. Er besagt vielmehr, daß wir etwas aus unserem Bewußtsein gelöscht haben und gar nicht mehr wissen, wie die Wahrheit aussieht. Psychologen und andere Experten, die sich mit Suchtkranken beschäftigen, sprechen oft davon, daß sich die Betroffenen in der «Phase der Verleugnung» befinden, das heißt, sie rechtfertigen ihr Verhalten mit rationalen Gründen und machen andere dafür verantwortlich. Beispielsweise mag eine Eßsüchtige betonen, daß sie einen kräftigen Knochenbau hat, einen gestörten Stoffwechsel und Probleme mit der Schilddrüse. Ein Alkoholiker mag ernsthaft davon überzeugt sein, wenig zu trinken, jedenfalls nicht so viel, um als Alkoholiker zu gelten, und «außerdem verführen ihn immer die anderen zum Trinken». Im Grunde ist Leugnen die Weigerung, Verantwortung für unser Handeln zu übernehmen. Wir können uns der Wahrheit nicht stellen, weil sie zu schmerzhaft ist.

Verleugnung ist stets mit starken Schamgefühlen gekoppelt. Insgeheim wissen wir, daß irgend etwas nicht stimmt, und leiden deshalb ständig unter einem geringen Selbstbewußtsein. Eine andere negative Begleiterscheinung der Verleugnung ist, daß wir Probleme im Umgang mit anderen Menschen haben. Weil wir uns selbst nicht gut kennen, oder nicht zu unserer wahren Persönlichkeit stehen können, können wir auch nicht die eines anderen akzeptieren. Und so müssen wir weiter in einer Welt der Illusionen und Heuchelei leben.

Erst wenn wir uns den Problemen aus unserer Vergangenheit stellen und uns von ihrem schädlichen Einfluß befreien, werden wir in der Lage sein, uns weiterzuentwickeln. «Persönlichkeitsentfaltung» ist ein Begriff, der in letzter Zeit sehr in Mode gekommen ist und eigentlich bedeutet, sich selbst kennenzulernen, sich in andere Menschen einzufühlen und in Einklang mit sich und seiner Umgebung zu leben. Bis wir dieses Ziel erreicht haben, begleitet uns ständig das Gefühl der Entfremdung, sehen wir uns in der Rolle des Opfers und leiden unter fehlender Selbstkontrolle – obwohl paradoxerweise jeder, der sich in der «Phase der Verleugnung» befindet, verzweifelt versucht, sich selbst und andere zu kontrollieren. Wir haben panische Angst davor, die Kontrolle zu verlieren, denn wir wissen insgeheim, daß wir auf einem Pulverfaß sitzen, das, wenn wir nicht aufpassen, jederzeit explodieren kann.

Da es uns allgemein schwerfällt, Schwächen einzugestehen, wurde auch zwanghafte Liebe oft als «große Leidenschaft» angesehen, als eine besonders intensive Art des Verliebtseins oder der Liebe. Tatsächlich aber haben wir jegliche Kontrolle verloren, sind jemandem verfallen, ohne zu begreifen warum. Es ist leicht, dieser Art von Obsession den Stempel «Liebe» aufzudrücken – und sie damit aufzuwerten. Gewiß leichter, als zuzugeben, daß es sich um eine Krankheit handelt. Als Gesellschaft beginnen wir gerade zu lernen, wie befreiend und heilsam es sein kann, uns mit den Schrecken der Vergangenheit zu konfrontieren, sie uns einzugestehen, damit die Wunden heilen können und wir uns endgültig von den beklemmenden, direkt unter der Oberfläche lauernden Gefühlen befreien können.

Aber wie können Sie feststellen, ob es sich bei Ihren Gefühlen um zwanghafte Liebe oder eine wunderbare, berauschende Leidenschaft handelt? Dafür gibt es zahlreiche Anzeichen:

▶ Sie verlieben sich – oder glauben es – Hals über Kopf in jemanden, den Sie gar nicht kennen.

▶ Sie denken ständig an diesen Menschen, träumen sogar von ihm, ohne je ein Wort mit ihm gewechselt zu haben.

▶ Sie lernen diese Person etwas näher kennen, scheinen aber keine richtige Beziehung aufbauen zu können.

▶ Sie haben das Gefühl, Ihre Persönlichkeit zu verlieren.

▶ Sie stellen fest, daß Sie immer wieder neue Ausflüchte dafür finden, daß diese Person nie Ihre Anrufe erwidert, nur mit anderen ausgeht, sich offenbar nicht für Sie interessiert.

▶ Ihr vorherrschendes Gefühl ist Verzweiflung und Hoffnungslosigkeit, nicht Euphorie oder Glück.

▶ Es gibt nichts Wichtigeres in Ihrem Leben, als mit diesem Menschen zusammen zu sein oder ihn zu sehen – nicht unbedingt mit ihm zu reden oder Gedanken auszutauschen.

▶ Sie fühlen sich in Gegenwart des/der Geliebten unscheinbar, unwichtig, so, als existierten Sie gar nicht.

▶ Sie durchleben extreme Gefühlsschwankungen – alles verzehrende Leidenschaft und tiefer Haß lösen einander ab.

▶ Die geliebte Person scheint Sie zu hassen und Ihnen aus dem Weg zu gehen.

▶ Sie wissen nicht, wie Sie sich verhalten sollen. Sie haben den Eindruck, ständig gegen Regeln zu verstoßen, die Sie nicht kennen.

▶ Sie essen und schlafen schlecht.

▶ Sie verlieren das Interesse an Ihrem Aussehen.

▶ Ihre Gesundheit leidet.

▶ Sie verspüren den unerklärlichen Drang, Gedichte zu schreiben. (Dagegen ist nichts einzuwenden, sofern Sie dies schon immer taten, bedenklich wird es nur, wenn es Ihnen nie zuvor in den Sinn kam.)

▶ Sie fühlen sich einsam und verlassen und meinen, daß nie jemand so sehr gelitten hat wie Sie.

▶ Sie sind davon überzeugt, daß niemand Ihre Situation nachempfinden kann.

▶ In Ihrer Verzweiflung haben Sie schon mit dem Gedanken an Selbstmord oder auch Mord gespielt – wenngleich Sie ihn nie in die Tat umsetzen würden.

▶ Die geliebte Person ist für Sie unerreichbar, sei es aufgrund von Ehe, Klasse, Alter, sexueller Neigungen oder irgendeiner anderen offensichtlich unüberwindbaren Hürde.

▶ Sie würden liebend gern den Geliebten entführen und einsperren, um ihn ganz für sich zu haben.

▶ Sie wünschten, Ihre Gefühle würden abklingen und Sie könnten mit Ihrem Leben fortfahren.

▶ Sie glauben, daß alle Probleme gelöst wären, wenn sich die geliebte Person nur auf Sie einließe.

Wenn all diese Punkte zwanghafte Liebe charakterisieren, was versteht man dann unter «echter» Liebe?

Niemandem ist es bisher gelungen, exakt zu definieren, was wahre Liebe ist. Mit Sicherheit aber liegen zwischen Liebe und Obsession Welten. Wirkliche Liebe zeichnet sich durch folgende Eigenschaften aus:

Gemeinsamkeit
Es gibt eine Gegenseitigkeit, Übereinstimmung, Gedankenaustausch, Gleichberechtigung.

Achtung
Sie lieben einen Menschen dann, wenn Sie Achtung vor ihm haben und nur sein Bestes wollen.

Persönlicher Freiraum
Wahre Liebe beinhaltet die Fähigkeit, auch ohne die geliebte Person glücklich zu sein und dann nicht vor Sehnsucht zu vergehen. Es ist ganz wichtig, loslassen zu können, den Freiraum des anderen und seine Individualität zu respektieren. Man ist um das Wohl des anderen besorgt und stellt auch einmal seine eigenen Wünsche zurück.

Spaß
Echte Liebe bedeutet, daß man zusammen Spaß hat und lacht. Zwanghafte Liebe ist für beide Seiten nur leidvoll.

Die Gegenwart des anderen genießen
Sie genießen es, zusammen zu sein, weil Sie viele Gemeinsamkeiten haben. Doch Sie können auch ohne den anderen glücklich sein.

Eigenständigkeit
Wirkliche, reife Liebe zeichnet sich dadurch aus, daß Ihre Ich-Grenzen erhalten bleiben. Sie haben eine enge Bindung, aber Sie sind nicht miteinander verschmolzen oder hatten je das Bedürfnis, im anderen aufzugehen.

Es gibt keine Schuldgefühle
Sie fühlen sich innerlich frei, stark, unabhängig und sicher.

Wenn all diese Merkmale zutreffen, dann kann man Sie nur beglückwünschen! Sie erfahren echte Liebe, keine Obsession. Obsessionen sind leider weit verbreiteter als wahre Liebe und können Liebe sogar zerstören. Deshalb sollte man sie sich zunächst eingestehen und sich dann damit konfrontieren.

Gestehen Sie sich Ihre Obsession ein

Der erste Schritt zu einer Genesung besteht darin, daß wir uns zu unserer Obsession bekennen. Natürlich ist es nicht leicht, sich einzugestehen, daß man die Kontrolle verloren hat, daß man sich in jemanden verliebt hat, der dieses Gefühl nicht erwidert, daß man so dumm war, einem Menschen zu verfallen, der einen ablehnt. All diese Eingeständnisse sind schmerzlich. Viel angenehmer scheint es, sich vorzumachen, daß es niemals passierte, die Erinnerung zu verdrängen oder sich einzureden, daß der geliebte Mensch ein Lump oder eine Schlampe war.

Wie bei jeder anderen Sucht auch (und zwanghafte Liebe hat sehr viel mit Sucht gemein) ist es weitaus einfacher, sich der Illusion hinzugeben, alles unter Kontrolle zu haben, und dem anderen die Schuld in die Schuhe zu schieben. «Er / sie hat mich so weit gebracht», lautet die klassische Ausrede des «Verleugners». Es ist der Versuch, sich der Verantwortung für das eigene Handeln zu entziehen. Natürlich gibt es Wüstlinge, Casanovas, Hochstapler, eiskalte Verführer, Circen oder Nymphomaninnen, aber darum geht es nicht. Wenn Sie auf so eine Person hereinfallen, dann sind Sie allein verantwortlich für das, was passiert.

Was Sie tun können

Fragen Sie sich zunächst, ob Sie sich in einen Menschen aus Fleisch und Blut verliebt haben oder nicht eher in eine Illusion, ein Phantasieprodukt, eine Projektion Ihrer eigenen Hoffnungen, Ängste und Ideale. Man schätzt, daß bei zwanghafter Liebe über 90 Prozent der Gefühle reine Projektionen sind – Dinge, die Sie aufgrund Ihrer eigenen Bedürfnisse auf die andere Person übertragen – und lediglich 10 Prozent dem wirklichen Wesen des anderen entsprechen.

Machen Sie sich bewußt, daß Sie sich nur in den externalisierten Teil Ihrer selbst, in eine Wunschvorstellung verlieben, nicht in einen tatsächlich existierenden Menschen. Sie lieben den anderen nicht um seiner selbst willen, sondern Sie beten das an, was Sie in ihm sehen. Es bedarf keiner großen Anstrengung, sich in einen Menschen zu verlieben, mit dem uns nichts verbindet, mit dem es keine gemeinsame Basis gibt. Wir leben Empfindungen aus, die rein ichbezogen sind – weshalb sich aus zwanghafter Liebe nie echte Liebe entwickeln kann.

Und das ist auch der Grund, warum Obsessionen so häufig in schwierigen Phasen unseres Lebens auftreten: Es ist so leicht, sich einfach fallen zu lassen. Man verliert sich, statt sich auseinanderzusetzen. Für den Betroffenen jedoch stellt es sich oft ganz anders dar; er sieht nur die qualvollen Stunden, die er seufzt und leidet, Briefe schreibt und telefoniert, den geliebten Menschen verfolgt und ihm auflauert.

Wir müssen begreifen, daß es nicht das Verschulden der von uns geliebten Person ist, daß wir leiden. Zwanghafte Liebe ist ein selbsterzeugtes Gefühl und unser Schmerz folglich auch. Wir leiden, weil unser Selbstwertgefühl und unsere Eigenliebe verletzt werden. Außerdem ist es äußerst quälend, von solch widersprüchlichen Gefühlen beherrscht zu werden.

Ich weiß aus eigener, schmerzlicher Erfahrung, daß es nicht leicht ist, sich mit diesen Tatsachen zu konfrontieren, und daß das Wissen um unsere Situation nicht ausreicht, um unsere Leidenschaft zum Erlöschen zu bringen. Es fällt oft schwer, zu akzeptieren, daß der Mensch, den wir scheinbar so sehr lieben – so verzweifelt und absolut – möglicherweise nicht das geringste für uns empfindet.

Wenn wir zwanghaft lieben, befinden wir uns in einem veränderten Bewußtseinszustand und hören nicht auf die Stimme der Vernunft – ähnlich wie ein Alkoholiker, der zunächst einmal nüchtern werden muß, um wieder die Kontrolle über sich zu bekommen.

Auch wenn wir nicht verhindern können, daß uns zwanghafte Gefühle heimsuchen, so werden sich die folgenden Ratschläge dennoch als hilfreich erweisen, um mit dieser schwierigen Situation fertigzuwerden.

Verschicken Sie keine Liebesbriefe

Wenn Sie den unwiderstehlichen Drang verspüren, dem geliebten Menschen glühende Liebesbriefe zu schreiben – schließlich kann zwanghafte Liebe jeden von uns in einen begnadeten oder zumindest schreibwütigen Dichter verwandeln –, dann sollten Sie es tun, sie aber auf keinen Fall ABSCHICKEN. Sehen Sie sich statt dessen ein paar Wochen später, mit etwas mehr Abstand, noch einmal an, was Sie geschrieben haben, und lassen Sie es auf sich wirken.

Höchstwahrscheinlich sind Ihre Zeilen voller Selbstmitleid und Weltschmerz und gleichen keineswegs den inbrünstigen, hingebungsvollen Liebesgedichten, die Sie zu verfassen glaubten. Heben Sie Ihre Briefe auf, bis die Obsession ein wenig abgeklungen ist, denn sie bieten einen guten Therapieansatz. Ganz gleich, was Sie mit Ihren Briefen tun, verschicken sollten Sie sie auf keinen Fall. Gewöhnen Sie sich an, Briefe nur zu versenden, wenn Sie innerlich ruhig sind, nicht wenn Sie sich in einem Stadium der Verzweiflung und Erregung befinden. Der Empfänger wird nicht in der Lage sein, mit einem solchen Gefühlsausbruch umzugehen.

Goldene Regel: Versenden Sie glühende Liebesbriefe nur dann, wenn Ihre Liebe erwidert wird, wenn ein ausgewogenes Verhältnis, gegenseitiges Engagement und die Hoffnung auf eine gemeinsame Zukunft gegeben ist.

Rufen Sie nicht an

Auch dieser Ratschlag ist nicht leicht zu befolgen, aber rufen Sie nicht an, wenn Sie innerlich aufgewühlt sind. Sie erreichen damit das genaue Gegenteil von dem, was Sie bezwecken wollten. Das Objekt Ihrer Leidenschaft wird alles andere als begeistert davon sein, stürmische, verzweifelte Liebeserklärungen zu hören – er/sie wird sich schuldig fühlen und Sie deshalb noch vehementer ablehnen.

Wenn Sie meinen, gefaßt genug zu sein, um den geliebten Menschen anzurufen und sich mit ihm zu unterhalten, dann tun Sie es. Aber stellen Sie kein Ultimatum, schreien und toben Sie nicht, und machen Sie dem anderen keine Vorhaltungen.

Sehen Sie von flehentlichen Appellen ab
Dieser Mensch schuldet Ihnen nichts, nicht einmal Höflichkeit. Wenn er Ihre Liebe nicht erwidert, hat der Geliebte keinerlei Verpflichtungen Ihnen gegenüber. Und leidenschaftliche Beschwörungen bewirken in der Regel, daß sich die geliebte Person nur noch mehr von Ihnen zurückzieht.

Vermeiden Sie Schuldzuweisungen
Selbst in Ihrem tiefsten Innern sollten Sie dem anderen nicht vorwerfen, daß er Ihr Leben ruiniert, Ihnen großen Schmerz zufügt, und dafür verantwortlich ist, daß Sie Höllenqualen erleiden. Wie auch immer Ihre Situation aussehen mag, Sie haben sich selbst in diese Lage gebracht, und nur Sie selbst können sich auch daraus befreien. Schuldzuweisungen sind völlig unangebracht.

Das soll jedoch nicht bedeuten, daß das Verhalten der geliebten Person unbedingt richtig ist oder gutzuheißen wäre; ihre oder sein Verhalten mag alles andere als untadelig sein. Beispielsweise lassen sich viele Männer, denen übersteigerte Liebe entgegengebracht wird, auf ein sexuelles Verhältnis ein – was uns zum nächsten Punkt führt.

Verzichten Sie auf Sex
Dieser Ratschlag mag besonders schwer zu befolgen sein, da Sex den zwanghaft Liebenden zu der Annahme verleiten kann, daß seine Gefühle erwidert werden, daß sich bald Nähe einstellen wird. Aber das ist ein Trugschluß.

Lassen Sie sich nur auf ein sexuelles Verhältnis ein, wenn Sie sich der leidenschaftlichen Gefühle des anderen ganz sicher sind. Vor allem verliebte Frauen reden sich oft ein, daß sie die Unnahbarkeit des Partners überwinden können, wenn sie sich ihm hingeben. Aber mit Sex lassen sich solche Beziehungsprobleme nicht lösen – man schafft lediglich noch mehr und verstärkt den Leidensdruck. Sex allein erweicht das Herz nicht, sondern verhärtet es nur, weil die Enttäuschung um so bitterer ist, wenn sich keine echte Nähe einstellt.

Wir verwechseln Sex oft mit Liebe, meinen, es handele sich um ein und dasselbe. Aber in einer einseitigen Liebesbeziehung wird Sex ebenso unbefriedigend sein wie der Rest der Beziehung.

Und begehen Sie nicht den Fehler, sich in zahlreiche sexuelle Abenteuer zu stürzen, um Ihren Kummer zu vergessen. Damit ersetzen Sie nur eine Abhängigkeit durch eine andere.

Geben Sie sich keinen Illusionen hin
Auch dies ist leichter gesagt als getan. Es ist verlockend, sich vorzustellen, alle Probleme wären gelöst, würden nur Ihre Gefühle erwidert, wären Sie nur verheiratet. Eine feste Beziehung wird jedoch nur zusätzliche Probleme schaffen und wäre wahrscheinlich schlimmer zu ertragen als Ihre verzweifelten Wunschvorstellungen. Bedürftigkeit jeglicher Art ist keine gute Basis für eine dauerhafte Beziehung.

Beschäftigen Sie sich
Zwanghafte Liebe wird aus Untätigkeit und Müßiggang heraus geboren. Eine ausgezeichnete Form der Selbsthilfe ist die Beschäftigung mit praktischen Dingen wie Brotbacken, Gartenarbeit, Heimwerken, Schneidern – irgend etwas, das Sie beansprucht und Ihnen außerdem noch Spaß macht. Schwere körperliche Arbeit ruft eine angenehme Müdigkeit hervor und ist damit ein gutes Mittel gegen übersteigerte Emotionen.

All diese Aktivitäten bewirken nicht unbedingt, daß sich Ihre Gefühle legen, aber sie bieten Ihnen eine Möglichkeit, sich von Ihrem seelischen Schmerz und Ihrer geistigen Überbelastung ein wenig zu erholen. Je weniger Sie sich körperlich betätigen, desto besser gedeihen zwanghafte Gefühle.

Und je aktiver und beschäftigter Sie sind, desto besser können Sie nachts schlafen und dadurch Kraft sammeln, um den nächsten Tag anzugehen. Natürlich werden sich nach wie vor Gedanken an die geliebte Person einstellen, geben Sie ihnen nach. Reden Sie sich nicht ein, daß sie nicht existieren oder von selbst verschwinden. Wir müssen zwanghafte Gedanken zulassen, sie entweder durch positive ersetzen oder versuchen, uns mit ihnen auseinanderzusetzen.

Entwickeln Sie eine positive Einstellung zu sich selbst

In vielerlei Hinsicht ist Ihre Verliebtheit durch Ihr geringes Selbstwertgefühl ausgelöst worden, das während und nach der Obsession ganz gewiß seinen Tiefpunkt erreicht hat. Es ist wichtig, daß Sie Ihre Rastlosigkeit in positive Energie umwandeln, statt sie ausschließlich auf das Objekt Ihrer zwanghaften Liebe zu richten.

Das eigene Selbstbewußtsein kann man stärken, indem man neue Interessen entwickelt, zum Beispiel Klavierspielen oder irgendeine Fremdsprache lernt oder sich zu einem Aerobic- oder Yogakurs anmeldet – irgendeine Beschäftigung, die schnelle und sichtbare Erfolge verspricht. Wenn Sie Fortschritte erkennen, dann werden Sie auch eine positivere Einstellung zu sich selbst gewinnen können. Auch Affirmationen – die ständige Wiederholung positiver, selbstbejahender Aussagen – können Ihnen helfen, das Vertrauen in sich und in Ihre Fähigkeiten zu stärken.

Führen Sie Tagebuch

Ein Tagebuch kann sehr nützlich sein. Schreiben Sie genau auf, was Sie fühlen und was geschieht. Viele Leute führen ein Tagebuch in kritischen Lebensphasen. Das Problem dabei ist, daß man beim späteren Lesen oft den Eindruck von einer unerträglich schmerzlichen Lebensphase gewinnt. Aber das stimmt nicht.

Wenn Sie ein Tagebuch führen, sollten Sie nicht nur die qualvollen Dinge festhalten, sondern auch das Schöne, das Ihnen widerfährt, so daß ein gewisses Gleichgewicht hergestellt wird. Etwas niederzuschreiben, vor allem, wenn keine Gefahr besteht, daß es irgend jemand liest, kann sich als sehr tröstlich erweisen und wird Ihnen helfen, Ihre Gefühle wieder in den Griff zu bekommen.

Darüber hinaus ist ein Tagebuch eine Art stummer Zeuge, der Ihre Gefühle über einen längeren Zeitraum registriert und Sie davon abhalten wird, sie zu leugnen. Haben Sie keine Angst, daß Ihre Aufzeichnungen peinlich sein oder ein schlechtes Licht auf Sie werfen könnten. Seien Sie sich selbst gegenüber ehrlich, gestehen Sie sich Ihre Gefühle ein, haben Sie keine Angst davor, sich zu ihnen zu bekennen.

Im Laufe der Zeit werden Sie feststellen, daß es Ihnen immer leichter fällt, Ihre Empfindungen niederzuschreiben. Wenn die Gedanken nicht so recht fließen wollen, notieren Sie einfach, was Sie getan haben. Oft werden Sie beim späteren Lesen feststellen, daß erstaunlich viele Emotionen mitschwingen.

Bestimmte Dinge aufzuschreiben ist schmerzlich. Aber danach werden Sie sich besser fühlen. Sorgen Sie sich nicht um die richtige Orthographie, korrekte Grammatik oder einen guten Stil. Selbst ein paar einfache Zeilen sind schon hilfreich – und ein Protokoll über die damalige Zeit wird Ihnen bei der späteren Analyse gute Dienste leisten.

Es ist nicht nötig, daß Sie jeden Tag etwas eintragen – aber tun Sie es, wenn Ihre Gefühle Sie zu überwältigen drohen. Wenn Sie jedoch regelmäßig schreiben, wird es Ihnen zur Gewohnheit werden. Und wenn Sie später in Ihren Aufzeichnungen lesen, werden Sie überrascht sein, welche Fortschritte Sie gemacht und wieviel Sie über Ihre Situation gelernt haben.

Aber vor einem möchte ich Sie warnen: Zeigen Sie Ihr Tagebuch nie dem Menschen, den Sie so verzweifelt lieben. Diesen Fehler haben Kathleen Raine und Elizabeth Smart begangen. Gavin Maxwell reagierte entsetzt und befürchtete, daß die Tagebuchaufzeichnungen bei einer Veröffentlichung seinen Ruf ruinieren könnten. George Barker konnte Elizabeth Smarts tiefe Gefühle in keiner Weise nachvollziehen.

Wenn Sie Ihre Tagebucheinträge Ihrem Angebeteten zeigen, wird er oder sie sie nicht verstehen, sie als die emotionalen Ergüsse eines verstörten, labilen Menschen abtun. Ihr Schmerz und Ihre Verzweiflung werden bei dem anderen keine zärtlichen Gefühle wecken. Es steht nicht in Ihrer Macht, das Verhalten oder die Empfindungen des anderen zu ändern oder irgendwie zu beeinflussen. Das einzige, was Sie damit bewirken, ist eine noch größere Entfremdung, wie am Beispiel Gavin Maxwells deutlich wird.

Achten Sie auf Ihre Ernährung

In Zeiten zwanghafter Liebe kann das Eßverhalten zum Problem werden. Wir müssen uns vor Augen führen, daß unsere übersteigerten Gefühle selbstzerstörerisch sind und wir uns häufig mit einem gestörten Eßverhalten noch zusätzlich bestrafen. Ob Sie sich nun vollstopfen, hungern oder in wertlosen Kohlehydraten schwelgen – was Ihr Körpergefühl nicht gerade verbessern wird –, Sie werden dadurch Ihre Lage nur verschlimmern. Es ist wichtig, daß Sie Ihren Blutzuckerspiegel auf gleichbleibender Höhe halten und viel frisches Obst, Gemüse, Naturreis und Vollkornbrot zu sich nehmen – Lebensmittel, die nicht süchtig machen.

Zwanghafte Liebe hat vieles mit einer Sucht gemein, und durch bewußte Völlerei oder Hungerorgien stürzen wir uns nur in eine weitere Abhängigkeit.

Meiden Sie Drogen

Ich rede nicht von illegalen Drogen, sondern von Schlaftabletten, Aufputsch- oder Beruhigungsmitteln, die Ihnen jeder Arzt verschreiben kann. In besonders schweren Fällen ist es vielleicht notwendig, irgend etwas zur Beruhigung einzunehmen, damit wir ein momentanes Tief überstehen. Nähere Einzelheiten dazu erfahren Sie in Kapitel 6. Sie sollten sich jedoch nicht auf irgendein Betäubungsmittel verlassen, um eine emotionale Krise zu bewältigen. Der Effekt der Droge überdeckt lediglich Ihre Obsession, die sich inzwischen ungehindert weiterentwickelt. Eine mögliche Genesung rückt somit in ferne Zukunft. Aus demselben Grund sollten Sie auch nicht Ihren Kummer im Alkohol ertränken. Das verschlimmert nur das Problem und wirkt sich schädlich auf Ihren Körper aus.

Vertrauen Sie sich einem Freund oder
einer Freundin an

Machen Sie Ihrem Herzen Luft. Falscher Stolz schadet nur. Wenn Sie einen verständnisvollen Freund haben, dem Sie Ihr Herz ausschütten können, dann tun Sie es. Es mag den Anschein haben, daß sich durch ein Gespräch, die Analyse Ihrer Gefühle und Gedanken und Tagebucheinträge die Obsession erst «festigt» und alles nur noch schlimmer wird. Das Gegenteil ist der Fall. Sie werden feststellen, daß die Situation für Sie erträglicher wird. Doch hat es wenig Sinn, wenn eine Freundin versuchen sollte, Ihnen konkrete Ratschläge zu erteilen. Besser ist es, still zuzuhören, Verständnis zu zeigen und keine Urteile abzugeben.

Manchmal kann ein Freund überhaupt nicht verstehen, was wir an dieser speziellen Person finden, oder warum sie auf uns eine derartige Faszination ausübt. Einen solchen «Freund» sollten Sie nicht weiter ins Vertrauen ziehen. Echte Freunde werden Ihnen zunächst einmal beipflichten, daß die geliebte Person äußerst attraktiv ist, blendend aussieht oder ähnliches – und dann herauszufinden versuchen, was Sie eigentlich so bewundern oder zu lieben meinen. Da zwanghafte Liebe zumeist in Phasen auftritt, in denen es uns an Selbstbewußtsein mangelt, ist es nicht besonders förderlich, wenn uns jemand sagt, daß der Gegenstand unserer überwältigenden Leidenschaft unser nicht wert ist, ja womöglich kein besonders wertvoller Mensch ist. Unser Selbstwertgefühl sinkt nur noch tiefer.

Im Idealfall können Sie diese Dinge mit der geliebten Person persönlich besprechen. Aber unsere Vernarrtheit oder die Gleichgültigkeit oder gar Gefühllosigkeit des anderen mag dies unmöglich machen.

Betrachten Sie sich als jemanden, der sich von einer Krankheit erholt. Seien Sie nicht so streng mit sich, sondern sagen Sie sich immer wieder: ein Schritt nach dem anderen...

Schließen Sie neue Freundschaften
Wenn wir unglücklich verliebt sind, neigen wir dazu, alles andere zu vernachlässigen, damit wir uns ganz dem geliebten Menschen

und unseren Gedanken an ihn widmen können. Nehmen Sie jede Gelegenheit wahr, um Ihr Leben abwechslungsreich zu gestalten: Lernen Sie neue Menschen kennen, und entwickeln Sie neue Interessen. Das ist nicht leicht, wenn unser ganzes Denken davon beherrscht wird, mit ihm oder ihr zusammenzusein – aber verlieren Sie nicht völlig den Kopf! Auch wenn Ihnen alles andere als zweitrangig erscheint, denken Sie daran, je mehr Versuche Sie unternehmen, sich von Ihrer Obsession zu befreien, desto häufiger durchbrechen Sie den Teufelskreis Ihrer negativen Gefühle.

Wenn alles schon weit zurückliegt

Aber was tun Sie, wenn die ganze Sache lange zurückliegt? Die Glut Ihres Verlangens mag sich inzwischen abgekühlt haben, aber in Ihnen ist immer noch ein Rest an Schmerz, Feindseligkeit und vielleicht das Gefühl, daß Ihr Leben seit jener fatalen Leidenschaft nie mehr ganz im Lot war.

▶ Gestehen Sie sich ein, daß Sie eine traumatische Erfahrung hinter sich haben. Akzeptieren Sie es. Nur weil sich der Vorfall vor langer Zeit abspielte und Sie es nicht als persönliche Katastrophe empfanden, wie etwa ein Todesfall oder der Verlust eines Körperteils, sollten Sie nicht den Fehler begehen, das Erlebnis als Nebensächlichkeit abzutun.

▶ Machen Sie sich die Notwendigkeit des Trauerns bewußt. Akzeptieren Sie den Verlust, gestehen Sie ihn sich ein, nehmen Sie sich Zeit zu trauern, statt die eigenen Gefühle auf Eis zu legen und als belanglos abzutun. In den letzten Jahren wurde endlich erkannt, wie wichtig es ist, Trauerarbeit zu leisten und einen Schlußstrich unter etwas zu ziehen, das bedeutsam für uns war. Das Problem bei den meisten zwanghaften Liebesaffären liegt darin, daß sie nie wirklich beendet werden. Wie lange auch immer die Affäre zurückliegen mag, es bleibt ein Funken Hoffnung, daß sich schließlich alles irgendwie einrenken wird, daß wir den geliebten Menschen wiedersehen und zusammenkommen werden. Gestehen Sie sich ein, daß dies höchst unwahrscheinlich und diese Phase Ihres Lebens endgültig abgeschlossen ist. Setzen Sie ein Zeichen, indem Sie Ihrem ehemaligen Geliebten schreiben oder ihn anrufen und sich mit ihm oder ihr verabreden.

Ein späteres Wiedersehen

Ein späteres Treffen kann sich sehr positiv auswirken – solange Sie einander mit Zuneigung und Achtung begegnen und ohne Vorbehalte. Wenn Sie es sich zutrauen, sollten Sie über das, was damals geschah, sprechen. Es wird äußerst hilfreich sein. Wahrscheinlich werden Sie einige Überraschungen erleben – möglicherweise merkte der geliebte Mensch gar nichts von Ihren leidenschaftlichen Gefühlen.

Er oder sie hatte vielleicht das Gefühl, daß Sie ihn haßten – eine Einschätzung, die viele Betroffene teilen. Vielleicht dachten auch Sie, daß die abgöttisch geliebte Person Ihnen mit Haß begegnete, wie es der Teenager im *Guardian* beschrieb (Kapitel 2). Aber auch das ist unwahrscheinlich. Eher werden Sie feststellen, daß dieser Mensch nichts mit einem Casanova oder einer Nymphomanin gemein hat, sondern ein ganz normaler, fehlbarer, netter, aufrichtiger Mensch ist, mit Zweifeln und Ängsten – wie jeder von uns.

Wenn Sie sich treffen, dann erwarten Sie nicht, daß sich jetzt die wahre Liebe einstellt. Sie haben sich verändert, der Mensch, den Sie einst so liebten, hat sich verändert – und alles andere auch. Sie sind wahrscheinlich heute selbstbewußter, weniger verletzbar und reifer.

Vielleicht können Sie jetzt im reiferen Alter Freunde werden. Aber weit wahrscheinlicher ist, daß Sie feststellen, wie wenig Sie miteinander verbindet – und daß dieses eine Treffen völlig genügt, um endgültig einen Schlußstrich zu ziehen.

Sehen Sie aber lieber von einer Begegnung ab, wenn sie Ihnen nur dazu dienen soll, dem anderen gegenüber die Überlegene zu spielen oder den Erfolgreichen hervorzukehren. Wenn wir schmerzliche Erlebnisse nicht verarbeitet haben, sinnen wir gerne auf Rache. Als ich beispielsweise darüber nachdachte, ob ich John wohl je wiedersehen würde, kamen mir folgende Gedanken: Ich werde ihm zeigen, wie prächtig es mir geht, trotz allem, was er mir angetan hat, daß ich erfolgreich bin und ein erfülltes und aufregendes Leben führe. Wenn solche Wünsche in Ihnen hochkommen, dann geben Sie ihnen nicht nach. Verzichten Sie auf eine Verabredung. Ich glaube nicht, daß ein Treffen, bei dem wir «eine alte Rechnung begleichen» wollen, sinnvoll ist. Nach einer solchen Begegnung mögen wir uns zunächst besser fühlen, aber unsere tiefsitzenden, negativen Emotionen verarbeiten wir dadurch nicht, möglicherweise bietet ein solches Treffen noch zusätzlichen Zündstoff.

Wenn Sie der Gegenstand zwanghafter Liebe sind

Wenn man Ihnen zwanghafte Gefühle entgegenbringt – oder Sie es zumindest vermuten –, dann bauen Sie nicht darauf, daß sich die Obsession von selbst legt. Je mehr Sie versuchen, die Avancen des anderen zu ignorieren oder ihnen aus dem Weg zu gehen, desto stärker werden seine Gefühle werden.

Das Vernünftigste wäre, Sie würden Ihren Verehrer zum Essen ausführen, auf einen Kaffee oder ein Glas Wein einladen und dann versuchen, mit ihm oder ihr über die ganze Angelegenheit zu reden. Erklären Sie ihm, daß Sie nicht ihn persönlich ablehnen, sondern seine übersteigerte Liebe, daß Sie wissen, was er oder sie für Sie empfindet, Sie aber seine intensiven Gefühle nicht erwidern können. Versuchen Sie, auf den anderen einzugehen und Verständnis zu zeigen, aber lassen Sie sich auf nichts ein, was Sie nicht wirklich wollen – wie beispielsweise mit dem anderen zu schlafen oder einen gemeinsamen Urlaub zu verbringen oder gar eine feste Beziehung einzugehen.

Der zwanghaft Liebende müßte weit weniger leiden, wenn der Gegenstand seiner Leidenschaft einen Anfang machen, das Gespräch suchen und Verständnis für die Situation des anderen zeigen würde. Der zwanghaft Liebende könnte seine Erfahrung verarbeiten, so daß sie ihn nicht als traumatisches Erlebnis jahrelang begleitet.

Natürlich sind Menschen, die sich so verrannt haben, einem Gespräch und logischen Argumenten gegenüber oft unzugänglich. Vor allem für eine Frau kann es zu beängstigenden Situationen kommen. Er mag wütend reagieren und ihr drohen. Wenn der andere nicht bereit ist, Ihnen zuzuhören, sollten Sie seine Gesellschaft in Zukunft meiden. Das ist natürlich nicht immer möglich – aber wenn der andere seine Gefühle so wenig unter Kontrolle hat, sollten Sie in jedem Fall erwägen, jeglichen Kontakt abzubrechen.

Vielleicht erleichtert es die Situation, wenn Sie dem Betreffenden schreiben, nüchtern erklären, daß die Intensität seiner Gefühle Sie zwar ehrt, Sie sich aber außerstande sehen, sie zu erwidern. Erklären Sie ihm, daß Sie eine hohe Meinung von ihm bzw. ihr haben, daß Sie seine Vorzüge und Fähigkeiten durchaus zu schätzen wissen, daß allerdings eine engere Beziehung, so wie sie dem anderen vorschwebt, unmöglich sei.

Fühlen Sie sich nicht geschmeichelt – eine Reaktion, die viele Betroffene zeigen, obwohl sie keinerlei Interesse an einer Beziehung haben. Versuchen Sie sich dagegen zu wappnen, denn sonst kann es dazu führen, daß Sie den anderen durch Ihr Verhalten ermutigen. Der zwanghaft Liebende ist nicht von Ihnen besessen, sondern von einer Illusion, die seinen oder ihren Defiziten oder persönlichen Problemen entspringt. Eine Obsession ist keine echte Liebe und wird es auch nie sein – deshalb sollte man dem Betreffenden mit Distanz und Vorsicht begegnen.

Und noch ein ganz wichtiger Rat: Gehen Sie mit dem Betreffenden nicht ins Bett! Und gehen Sie mit ihm oder ihr keinerlei sexuelle Beziehung ein, weil Sie glauben, daß dies das Problem lösen könnte oder weil Sie der andere irgendwie reizt. Durch Sex wird die Obsession nur noch verstärkt und die Situation noch beängstigender. Natürlich hat die Vorstellung etwas Reizvolles; vor allem im Anfangsstadium haftet der Beziehung etwas Berauschendes und

Aufregendes an, aber es wäre ein Trugschluß zu glauben, daß sich daraus etwas Ernsthaftes entwickeln könnte. Eine Obsession kehrt sich nie in wirkliche Liebe um – und dieser Tatsache sollten Sie sich bewußt sein.

In besonders schwierigen Fällen sollten Sie wie Brigid (Kapitel 2) Polizeischutz anfordern. Auf jeden Fall sollten Sie, ganz gleich, was Sie sonst noch tun, sich jemandem anvertrauen, der in der Lage ist, Sie zu unterstützen – der Arzt des Betreffenden, seine Eltern, Ehepartner, Partner, Chef. Wenn es nicht möglich ist, mit dem Betreffenden vernünftig zu reden, dann vielleicht mit einer ihm nahestehenden Person. Es ist äußerst wichtig, daß dem zwanghaft Liebenden, notfalls von einem anderen Menschen, klargemacht wird, was er Ihnen antut – und daß seine Gefühle nicht erwidert werden.

Versuchen Sie nicht, die ganze Sache für sich zu behalten. Quälen Sie sich nicht mit Selbstvorwürfen. Viele «Opfer» einer Obsession werfen sich vor, die übersteigerten Gefühle provoziert zu haben. Das ist falsch. Aber wenn Sie mit Gleichgültigkeit oder Angst reagieren, werden Sie die Obsession dadurch nur noch schüren. Sie als Betroffener versuchen vielleicht, die Ihnen entgegengebrachte «Liebe» zu ignorieren und wollen sie nicht wahrhaben. Das ist aber das Schlimmste, was Sie tun können.

Möglicherweise sind Sie trotz Ihrer Bemühungen immer noch von dem Gedanken an die geliebte Person besessen – wie unbefriedigend Ihr Verhältnis auch ist oder gewesen sein mag. In diesem Fall sollten Sie unter Umständen professionelle Hilfe in Anspruch nehmen. Wie auch immer Ihre Situation aussehen mag, glauben Sie nie, daß Sie ihr hilflos ausgeliefert sind. Und geben Sie sich nicht der Illusion hin, daß es sich bei zwanghafter Liebe um eine Bagatelle handelt. Wenn dies der Fall wäre, hätte sie dann so viele große Dichter und Denker seit Anbeginn der Geschichtsschreibung bewegt?

6 Professionelle Hilfe

Vielen von uns mag es mit Hilfe der vorgestellten Strategien gelingen, sich von einer zwanghaften Liebe zu befreien. Ist die Obsession jedoch stark ausgeprägt, dauert sie schon sehr lange an und klingt einfach nicht ab oder liegt die Erfahrung schon lange zurück, wirkt sich aber weiterhin negativ auf Ihr Leben aus, dann sollten Sie die Möglichkeit einer Therapie in Erwägung ziehen.

Sie müssen nicht «verrückt» oder «gestört» sein, um sich zu einer Therapie oder Beratung zu entschließen. Genauso wie wir einen Klempner rufen, damit er einen verstopften Abfluß reinigt, oder einen Elektriker, damit er eine defekte Leitung repariert, benötigen wir möglicherweise die Unterstützung eines Experten, um die verknoteten Fäden unserer Vergangenheit zu entwirren.

Mit Hilfe einer geeigneten Therapie werden Sie erkennen, daß Sie unter den Folgen eines Traumas leiden, das Ihr ganzes Leben beeinflußt, daß Sie sich mit ihm auseinandersetzen sollten, damit Ihre Seele wieder ganz genesen kann. Begehen Sie nicht den Fehler, die Auswirkungen einer zwanghaften Liebe herunterzuspielen, oder davon auszugehen, daß sich Ihr Problem im Laufe der Zeit von selbst lösen wird.

Eine Therapie kann eine äußerst wohltuende und tröstliche Erfahrung sein. Freunde mögen zwar verstehen, was wir erlebt haben, aber sie werden kaum die vorbehaltlose Anteilnahme und Akzeptanz aufbringen, die wir von einem guten Therapeuten oder Berater erwarten können.

Manche von uns fürchten vielleicht, daß man sie, wenn sie sich einer Therapie unterziehen, für «neurotisch» halten und ihnen unterstellen könnte, der Vergangenheit nachzuhängen, statt ihr Leben tatkräftig in die Hand zu nehmen. Doch zwanghafte Liebe hindert uns gerade daran, bewußt in der Gegenwart zu leben. Nur wenn wir bereit sind, uns dem Schmerz zu stellen, werden wir uns von seinem schädlichen Einfluß auf unser Leben befreien können. Eine Therapie ermöglicht es uns, das traumatische Erlebnis erneut zu durchleben und zu verarbeiten, so wie es bei mir der Fall war. Oder sie konzentriert sich eher auf den Körper und versucht, durch Berührungen die lange aufgestauten Emotionen zu lösen.

Viele Menschen entschließen sich zu einer Therapie, weil sie unter starken Minderwertigkeitsgefühlen leiden. Wenn wir einmal Opfer einer zwanghaften Liebe waren, dann können keine noch so großen Erfolgserlebnisse in unserem weiteren Leben unser schwer erschüttertes Selbstvertrauen, die geringe Selbstachtung, die Scham- und Schuldgefühle, die wir seit dem Trauma mit uns herumtragen, je wieder wettmachen. In einer erfolgreichen Therapie können diese Gefühle an die Oberfläche geholt und aufgearbeitet werden, und dann kann unsere Psyche wieder genesen.

Nur Sie allein können entscheiden, wann der geeignete Zeitpunkt gekommen ist, um professionelle Hilfe in Anspruch zu nehmen. Meist verspüren Sie dann das starke Bedürfnis, Ihr Problem in Angriff zu nehmen, und sind dazu auch in der Lage. Wenn Sie ein besonders schweres Trauma erlebt haben, dann können Sie noch Jahre danach innerlich wie betäubt sein.

Heute steht uns eine breite Palette an Therapien zur Verfügung. Ganz gleich, für welche Sie sich entscheiden – kein guter Therapeut wird Sie dafür verurteilen, daß Sie vor langer Zeit wegen einer einseitigen Liebesbeziehung völlig die Kontrolle über sich verloren. Man wird Ihre Erfahrung ernst und wichtig nehmen und sie mit Ihnen aufarbeiten.

Aber wie können Sie herausfinden, ob eine Therapie oder Beratung für Sie sinnvoll ist? Machen Sie von den folgenden Entscheidungshilfen Gebrauch:

1. Wenn Sie jemals unglücklich verliebt waren und nach vielen Jahren noch immer gekränkt, traurig oder gar verzweifelt sind, oder wenn es Ihnen trotz aller Bemühungen nicht gelingt, jemanden

zu vergessen, dann leiden Sie vermutlich unter den Folgen eines Traumas.

2. Wenn Sie glauben, daß Sie der geliebten Person bei einem zufälligen Wiedersehen ohne zu zögern «den Hals umdrehen» würden, dann sind Sie noch immer auf diese Person fixiert – wenn auch auf negative Weise. Sie sollten vielleicht eine Therapie ins Auge fassen, um den verbliebenen emotionalen Knoten zu lösen und die alten Gefühle zu überwinden.

3. Wenn Sie aus langjähriger Gewohnheit dieser Person gegenüber immer noch Groll und Haß empfinden, selbst wenn sie seit Jahren keinen Kontakt mehr zu ihr hatten, dann wäre es hilfreich, diese «Gewohnheit» abzulegen.

4. Wenn Sie das Gefühl haben, daß mit Ihrem Leben irgend etwas nicht stimmt. Wenn Sie nicht in der Lage sind, andere Menschen an sich heranzulassen, oder wenn seit Ihrer schmerzhaften Erfahrung all Ihre Beziehungen aus unerfindlichen Gründen scheiterten, nie lange hielten oder gar nicht erst zustande kamen – dann leiden Sie vermutlich noch immer unter den Nachwirkungen einer lange zurückliegenden, unglücklichen und einseitigen Liebesbeziehung.

Es gehört zu den häufigsten Folgeerscheinungen zwanghafter Liebe, daß wir unseren Gefühlen nicht mehr trauen, daß wir die Fähigkeit verlieren, uns in andere Menschen einzufühlen und ihnen innerlich nahezukommen. Dies ist eine typische Reaktion auf eine tiefe seelische Verletzung oder eine schwere Mißhandlung – wie sexueller Mißbrauch, Inzest, seelische oder körperliche Mißhandlung in der Kindheit. Nach dem traumatischen Erlebnis haben wir einen Teil unseres Gefühlslebens ausgeschaltet, so daß wir auf andere möglicherweise kalt, hart und gefühllos wirken – logisch und vernunftgesteuert wie eine Art Roboter oder Mr. Spock aus *Raumschiff Enterprise*.

5. Wenn Sie der Meinung sind, daß man Männern bzw. Frauen nicht trauen kann, daß sie ausnahmslos oberflächlich, wertlos und falsch sind, daß sie Ihnen nur weh tun würden, dann leiden Sie vermutlich noch immer unter dem Trauma einer zwanghaften Liebe.

6. Wenn der geliebte Mensch von damals immer wieder in Ihren Träumen auftaucht, so könnte dies ebenfalls ein Hinweis darauf sein, daß es an der Zeit ist, das Problem anzugehen. Bis ich mich dazu entschloß, meiner zwanghaften Liebe zu John auf den Grund zu gehen, träumte ich ungefähr ein Jahr lang immer wieder von ihm, und zwar so lebhaft, daß ich davon aufwachte. Ich erinnerte mich so gut an meine Träume, daß ich sie alle aufschrieb. John war stets sehr attraktiv und liebevoll, und wir hatten eine wunderbare Beziehung. Die Träume waren so intensiv, daß ich nicht glauben wollte, daß sie nur meiner Phantasie entsprangen. In der Realität hatte ich natürlich nichts dergleichen erlebt. Ich hatte keinerlei Einfluß auf diese Träume und konnte sie nicht abstellen.

Möglicherweise waren es verschlüsselte Botschaften, die mir signalisieren wollten, daß es an der Zeit wäre, meinem Problem auf den Grund zu gehen. Seit der Therapie jedoch habe ich kein einziges Mal mehr von John geträumt. Vieles von dem, was wir aus unserem Bewußtsein verdrängen, bahnt sich früher oder später einen Weg in unser Unterbewußtsein, um auf sich aufmerksam zu machen.

7. Wenn Sie irgendwann einmal unglücklich verliebt waren und wenn Sie heute unter chronischen körperlichen Beschwerden oder einem geschwächten Immunsystem leiden, dann könnte zwischen jener unglücklichen Liebe und Ihren gesundheitlichen Problemen ein Zusammenhang bestehen.

Warum ist professionelle Hilfe notwendig?

Im Laufe der Zeit können sich die oben beschriebenen Gefühle und Einstellungen zu festen Denkgewohnheiten oder Grundhaltungen entwickeln, die uns so in Fleisch und Blut übergehen, daß wir eines Tages denken: So bin ich wirklich. Aussagen wie «Bei mir brennt schnell die Sicherung durch», «Ich brause leicht auf», «Ich gehe schnell in die Luft» und «Ich bin leicht gekränkt» basieren auf solchen verfestigten Einstellungen, die wiederum auf eine tiefe seelische Verletzung – beispielsweise einen Fall von Mißbrauch oder Mißhandlung – in der Vergangenheit hindeuten.

Auch zwanghafte Liebe führt zu einer tiefgehenden seelischen Verletzung und versetzt unseren Organismus in eine Art Schockzustand, was zu Streß, Angst und Anspannung führt. Viele der modernen Therapieformen gehen davon aus, daß unsere Lebensprobleme oftmals auf ein traumatisches Erlebnis zurückzuführen sind, und versuchen die Schichten negativer Gefühle abzutragen, damit unser wahres Ich zum Vorschein kommen kann.

Langlebige, eingefahrene Denkgewohnheiten können eine starke autosuggestive Kraft entwickeln und verhindern, daß unsere wahre Persönlichkeit zur Entfaltung kommt. Das Erlebnis einer zwanghaften Liebe wird unsere Persönlichkeit so lange entstellen, solange wir den Schmerz und die Kränkung, die wir erlitten haben, verdrängen. Je länger diese Gefühle in unserem Innern gären und sich in unserem Organismus festsetzen, desto schwieriger ist es, sie freizulegen, und desto dringender sind wir auf professionelle Hilfe angewiesen.

Dauerhafte seelische Verletzungen, Schmerz, Haß und Groll erzeugen einen psychischen Streß, der sich negativ auf unsere Persönlichkeit auswirkt. Übermäßiger Genuß von Alkoholika und anderen Suchtmitteln, Freßlust, Spielleidenschaft oder Kaufzwang sind Strategien, mit denen wir versuchen, die seelische Verletzung zu kompensieren. In vielen Fällen ist der eigentliche Auslöser längst vergessen; unsere Psyche versucht sich vor unangenehmen Erinnerungen zu schützen, indem sie sie mit dem tröstlichen Schleier des Vergessens umhüllt – zumindest eine gewisse Zeitlang.

Nach neuesten Erkenntnissen können wir davon ausgehen, daß zwanghafte Liebe aus einem starken, inneren Bedürfnis heraus entsteht und nicht vom Objekt unserer Leidenschaft ausgelöst wird. Selten hat die geliebte Person das Gefühl, daß wir ihr echte Liebe entgegenbringen – die sie wertschätzen und erwidern sollte. Brigid, deren Fallbeispiel ich in Kapitel 2 aufführte, sagte über ihren besitzergreifenden fünfzigjährigen Freund: «Ich zweifelte nie an seiner

Liebe. Aber ich empfand es nicht als Liebe. Irgendwann war ich völlig verwirrt und wußte überhaupt nicht mehr, was ich davon halten sollte. Ich spürte zuviel Negatives, Beklemmendes, um es als echte Liebe empfinden zu können.»

Falsche Ratschläge

Früher erhielt man von Ärzten oder Psychiatern den Rat, man solle sich ein bißchen zusammenreißen und sich ihn oder sie aus dem Kopf schlagen. Wenn das so einfach wäre! Mittlerweile hat es sich herausgestellt, daß sich dieser Ratschlag beim besten Willen nicht befolgen läßt:

Unglücklich Verliebte stehen unter einer Art Zwang, von dem sie sich nicht befreien können. Den Geliebten zu vergessen ist ungefähr so schwierig, als wollten wir versuchen, nicht mehr zu atmen. Wenn wir uns zu einer Therapie entschließen, dann sollten wir wissen, daß es sich dabei nicht unbedingt um eine aufwendige, jahrelange Analyse handeln muß. Oft reicht eine begrenzte Zahl an Sitzungen völlig aus – vorausgesetzt, wir haben den richtigen Therapeuten gefunden.

Es gibt natürlich auch jene, die die Meinung vertreten, daß man die Vergangenheit besser ruhen lassen sollte. Unserer modernen Gesellschaft gelingt es immer wieder, vergangene leidvolle Erfahrungen zu leugnen und zu verdrängen. Diese «Durchhalte-Mentalität» mag uns einst, als wir Kolonien eroberten und ganze Völker unterjochten, nützlich gewesen sein, doch heute erweist sie uns keinen guten Dienst mehr.

Wenn wir ein traumatisches Erlebnis verdrängen, dann laufen stets dieselben Mechanismen ab: Wir leugnen unseren Schmerz, wir legen unsere Gefühle auf Eis, wir geben anderen die Schuld. Solange wir versuchen, unserem Schmerz zu entfliehen, leugnen wir einen Teil unseres Menschseins.

Woran können wir erkennen, ob ein Erlebnis traumatisch war?

Vergangene Traumata haben die Eigenschaft, früher oder später in unser Bewußtsein vorzudringen, wenn auch manchmal auf Umwegen.

Der deutlichste Hinweis auf ein tiefsitzendes Trauma ist eine höchst unangemessene Reaktion auf ein ganz alltägliches Ereignis – etwas, das unbewußt eine Erinnerung in uns wachruft oder unangenehme Gefühle weckt. Als ich meinem ehemaligen Freund aus der Studienzeit wiederbegegnete und mit ihm im Park spazierenging, erfaßte mich eine tiefe Beklommenheit. Ich hatte nicht die geringste Ahnung, daß es etwas mit John zu tun haben könnte, und hatte überhaupt keine Ahnung, warum ich mich so unwohl fühlte – vor allem, da es sich um jemanden handelte, mit dem ich keinerlei negative Erinnerungen verband.

Wenn Sie sehr heftig auf etwas reagieren, das Sie nicht sonderlich berühren sollte, dann ist dies ein untrügliches Zeichen für ein verborgenes Trauma. Wenn Sie beispielsweise ein Buch oder eine Geschichte über eine unglückliche Liebe lesen und dabei zornig werden, oder wenn Sie auf einen völlig fremden Menschen große Wut haben, nur weil Sie erfahren, daß dieser die Liebe eines anderen nicht erwidert, dann sollten Sie sich nach dem Grund für Ihren Zorn fragen.

Wir ereifern uns gerade dann besonders, wenn uns etwas tief berührt. Mein Exmann Neville zum Beispiel wurde jedesmal, wenn er erfuhr, daß jemand sein Kind mit Flaschenmilch ernährte, richtig wütend. Auch wenn wir der Meinung sind, daß Stillen für einen Säugling das beste ist, würden wir uns normalerweise nicht persönlich angegriffen fühlen, wenn jemand seinem Kind die Flasche gibt. Aber genau das war bei Neville der Fall. Er fand damals seinen Zorn absolut berechtigt – erfuhr jedoch Jahre später, daß seine heftigen Reaktionen von seiner Enttäuschung darüber herrührten, daß er selber ein Flaschenkind gewesen war.

Möglicherweise haben wir ein so schweres Trauma erlitten, daß unser Gefühlsleben blockiert ist und wir für andere weder Verständnis noch Mitgefühl aufbringen können. Die Kinderpsychologin Alice Miller hat herausgefunden, daß viele Erwachsene sich nicht in ihre Kinder einfühlen können und ihnen schweren seelischen oder körperlichen Schaden zufügen.

Laut Alice Miller liegt der Grund für dieses Verhalten darin, daß die Betroffenen als Kinder selbst sehr schmerzhafte Erfahrungen machten, auf die sie mit Introjektion reagierten, d. h., sich selbst die Schuld am Verhalten der Eltern gaben. Sie mußten die harte Strafe wohl verdient haben, denn Eltern wollten doch immer nur das beste für ihr Kind.

Alice Miller geht davon aus, daß Menschen, die Kinder oder Tiere mißhandeln, die weder Schuldgefühle noch Reue empfinden und die keine Vorstellung davon haben, welches Leid sie anderen zufügen, ihren eigenen Schmerz so gut verdrängt haben, daß sie nicht mehr in der Lage sind, sich in andere einzufühlen. Aus diesem Grund wird es laut Alice Miller immer wieder kaltblütige Folterknechte und grausame Diktatoren geben.

Wenn wir die beschämende und quälende Erfahrung gemacht haben, uns zwanghaft zu verlieben, dann verlieren wir möglicherweise unsere Fähigkeit, gerade mit jenen mitzufühlen, die ähnliches durchleiden. Wenn wir erfahren, daß jemand unglücklich verliebt ist und wir für diese Person nicht das geringste Mitgefühl aufbringen, dann haben wir vielleicht eine ähnliche, schmerzvolle Erfahrung gemacht und völlig verdrängt.

Es ist durchaus möglich, daß wir uns ganz zufällig und unerwartet an unser Trauma erinnern. In den letzten zwanzig Jahren ist Meditation bei uns im Westen immer populärer geworden und hat eine wachsende Anhängerschaft gefunden. Beim Meditieren kommt unser Geist zur Ruhe, und dann kann es passieren, daß verdrängte, unangenehme Erlebnisse aus der Vergangenheit ganz von selbst an die Oberfläche kommen. Ohne ersichtlichen Grund kann eine Erinnerung plötzlich hochkommen.

Dann sollten wir sie zulassen, ihr nachgehen, statt sie schnell wieder beiseitezuschieben. Nur Sie können beurteilen, wann der richtige Zeitpunkt gekommen ist, um sich den Problemen aus der Vergangenheit zu stellen. Machen Sie sich bewußt, daß sie sich nicht von selbst lösen werden.

In diesem Kapitel werde ich Ihnen einige Therapien und Techniken vorstellen, die Ihnen helfen können, das Trauma aufzulösen und Ihr Leben mit neuer Energie anzugehen. Ich werde zunächst auf die körperorientierten Therapien eingehen, die – was Sie vielleicht überraschen mag – durchaus Erinnerungen an weit zurückliegende psychische Probleme zutage fördern können. Sie sollten wissen, daß seelische Probleme, die Sie aus Ihrem Bewußtsein verdrängt haben, noch lange in Ihrem Organismus weiterwirken können. Wir sprechen beispielsweise von Menschen, die «gramgebeugt» oder «vom Schicksal gezeichnet» sind. Wenn Sie sich für eine der folgenden Körpertherapien entscheiden, sollten Sie darauf gefaßt sein, daß Erinnerungen an die Oberfläche kommen können und sich der Zeitpunkt nie genau vorhersagen läßt.

Die Alexander-Technik

Hierbei handelt es sich in erster Linie um eine Körpertherapie: Der Alexander-Lehrer leitet den Schüler an, richtig zu sitzen, zu stehen und zu laufen – das heißt, den Körper in einen ursprünglicheren, natürlicheren Zustand zurückzuführen und von schlechten «Gewohnheiten» zu befreien. Die meisten Menschen suchen einen Alexander-Lehrer auf, weil sie unter körperlichen Beschwerden wie chronischen Rückenschmerzen, Migräne oder Arthritis leiden, und werden sich in den seltensten Fällen mit psychischen Problemen beschäftigen wollen. Wenn der Lehrer eine Fehlhaltung korrigiert, können jedoch tief verborgene Erinnerungen zutage gefördert werden. Die Erinnerung kann Schmerz und Trauer auslösen, kann sich in Weinkrämpfen oder anderen Gefühlsäußerungen entladen.

Alexander-Lehrer gehen davon aus, daß man alte seelische Wunden heilen kann, indem man mit dem Körper arbeitet. Und natürlich hinterläßt auch zwanghafte Liebe eine tiefe seelische Wunde.

Durch diese Technik können lange aufgestaute Gefühle gelöst werden, was natürlich Zeit und Geduld erfordert. Oft kann es zehn oder mehr Sitzungen dauern, bis der Lehrer auf die wahren Ursachen für eine falsche Körperhaltung und bestimmte körperliche Beschwerden stößt. Die Alexander-Technik kann uns auf ein spezielles Problem aufmerksam machen, das wir dann in einer anderen Therapie gezielt angehen und aufarbeiten können.

Was geschieht nun eigentlich in einer Alexander-Sitzung? Da es sich in der Regel um eine Einzelsitzung handelt, gibt es niemanden, mit dem wir uns messen müßten. Wir brauchen uns keine Gedanken darüber zu machen, was andere von uns halten, und genießen die ungeteilte Aufmerksamkeit des Lehrers.

In der ersten Stunde wird Sie der Lehrer in die Alexander-Technik einführen und Ihnen erklären, wie Sie Ihren Körper effektiver und positiver einsetzen können. Da es in allen Sitzungen ganz speziell um Sie geht, wird gleich zu Anfang eine ausführliche medizinische Vorgeschichte erstellt. Der Lehrer wird nach Ihren körperlichen Beschwerden und etwaigen ernsten Erkrankungen fragen. Obgleich alle Alexander-Lehrer davon ausgehen, daß sowohl körperliche als auch seelische Traumata jahrelang im Körper eingeschlossen sein können, werden sie den Klienten niemals auf mögliche traumatische Erlebnisse ansprechen. Ihr Lehrer wird sich nach den Gründen für Ihren Besuch und nach Ihren Erwartungen erkundigen.

Man wird Sie darauf hinweisen, daß die Technik kein Allheilmittel gegen sämtliche körperliche Beschwerden oder seelische Probleme ist, daß sie Ihnen jedoch in jedem Fall guttun wird. Alexander-Lehrer konzentrieren sich bei ihrer Arbeit nicht auf die Beschwerden, Krankheiten oder Probleme des Schülers. Sie behandeln den Schüler so, als sei er völlig gesund und bei Kräften, und nehmen bei den Übungen keinerlei Rücksicht auf Rückenschmerzen, Migräne oder Arthritis. Nur wenn sie beobachten können, welche Bewegungen der Schüler nicht oder nur unter Schwierigkeiten ausführen kann, können sie feststellen, was ihm fehlt.

Alexander-Lehrer sind sich der Tatsache bewußt, daß es Menschen gibt, die ihre Krankheiten oder seelischen Probleme «brauchen» und sich ohne sie hilflos fühlen würden. Sie wissen um die «Macht der Gewohnheit» – ein Faktor, den der australische Schauspieler und Begründer dieser Körpertherapie, F. Matthias Alexander, immer wieder herausstellte.

Jede Handlung und jeder Gedanke, so Alexander, wandert, wenn er oft genug wiederholt wird, von der bewußten auf die unbewußte Ebene. Spätestens dann handelt es sich um eine Gewohnheit; wir haben sie so verinnerlicht, daß wir uns ihrer nicht mehr bewußt sind. Er glaubte beispielsweise, daß Stottern eine Angewohnheit sei. Der Grund, weshalb die meisten Menschen diese Gewohnheit nicht aufgeben können, besteht einfach darin, daß sie nun einmal gezwungen sind, zu kommunizieren, und deshalb keine Gelegenheit haben, sich das Stottern abzugewöhnen.

Dasselbe trifft für eingefahrene Denkgewohnheiten zu. Bestimmte Gedanken und Einstellungen schleifen sich im Laufe der Jahre so ein, daß wir nicht einmal mehr bemerken, daß sie auf einer Gewohnheit beruhen. Bei der Alexander-Technik geht es weniger darum, neue Verhaltensweisen zu erlernen, als schlechte Angewohnheiten abzulegen. Die Therapie soll uns helfen, unser Gleichgewicht wiederherzustellen. Da jedoch auch seelische Traumata in unserem Körper eingeschlossen sein können, kann die Korrektur der Körperhaltung diese auch zutage fördern.

Jeder gute Alexander-Lehrer wird herauszufinden versuchen, warum wir ihn aufsuchen, ob wir die Bereitschaft mitbringen, etwas zu lernen, und welche Einstellung wir zu uns selbst haben. Da der Lehrer genau auf unsere Körpersprache achtet, wird er etwaige Anzeichen für tiefsitzende Angstgefühle erkennen.

Nach einem etwa fünfzehnminütigen Einführungsgespräch beginnt die eigentliche Stunde, für die wir keine besondere Kleidung benötigen. Wir werden aufgefordert, uns auf einem speziellen Tisch auszustrecken, die Beine anzuziehen, den Kopf auf ein paar Bücher zu legen, so daß die Wirbelsäule möglichst überall aufliegt. Dann hebt der Lehrer nacheinander Kopf, Arme und Beine an und bittet uns, die entsprechenden Körperteile möglichst «schwer zu machen» und kein bißchen nachzuhelfen. Nur wenn wir den Lehrer unser «Eigengewicht» spüren lassen, kann er herausfinden, wo sich Unausgewogenheiten befinden.

Je angespannter und nervöser wir sind, desto schwerer fällt es uns, uns richtig schwer zu machen. Möglicherweise haben wir Angst, uns einem völlig Fremden gegenüber völlig «fallen zu lassen». Manche von uns benötigen vielleicht einige Sitzungen, bis sie den Lehrer ihr ganzes Gewicht spüren lassen können.

Dann wird sich der Alexander-Lehrer dem übrigen Körper widmen und bestimmte Muskelpartien berühren. Dieser Vorgang ist weder schmerzhaft noch unangenehm. Sie werden kaum spüren, daß überhaupt etwas geschieht. Während sich der Lehrer «vorantastet», kann er herausfinden, wie Ihre Muskelstränge verlaufen, wie Ihre Wirbelsäule beschaffen ist und wo sich problematische Stellen befinden könnten.

Dann wird Sie der Lehrer auffordern, Ihre Nackenmuskeln zu entspannen und ganz locker zu lassen. Anschließend werden Sie lernen, auf eine bestimmte Art und Weise aufzustehen: Sie drehen sich auf die Seite und lassen die Beine ganz langsam auf den Boden sinken. Dann wird man Sie vielleicht bitten, sich mit dem Rücken an eine Stuhllehne zu stellen oder sich nach der Alexander-Methode zu setzen. Der Lehrer wird Sie «zurechtsetzen» und wird dabei besonders auf ihre Kopfhaltung achten und überprüfen, ob Ihr Kopf sich in einer senkrechten Linie zu Ihrer Wirbelsäule befindet.

Die erste Sitzung dauert etwa eine Stunde, und Sie werden wahrscheinlich den Eindruck haben, daß nicht viel passiert ist. Aber am nächsten Tag werden Sie an den seltsamsten Stellen ein Brennen und Ziehen verspüren. Vielleicht wird man Ihnen auch einige Übungen für zu Hause aufgeben – wie beispielsweise, sich nach der Alexander-Methode hinzulegen und etwa fünfzehn Minuten lang ganz still in dieser Stellung zu verharren. Viele Alexander-Schüler finden diese Übung erstaunlich schwierig.

Wenn der Lehrer im Laufe der Therapie Fehlhaltungen korrigiert, können auch lange aufgestaute psychische Probleme zutage gefördert werden. Manche Schüler brechen in Tränen aus, weil sie sich an etwas erinnern, das sie vor langer Zeit bewußt verdrängt haben. Eine Schülerin, die wegen ihrer Rückenschmerzen eine Alexander-Lehrerin aufsuchte, fing während der Behandlung plötzlich heftig an zu schluchzen, weil sie sich seit Jahren zum erstenmal wieder an die Verzweiflung erinnerte, die sie als Sechsjährige bei der Scheidung ihrer Eltern empfunden hatte.

Die Alexander-Technik lehrt uns, daß wir auf unseren Geist und unseren Körper Kontrolle ausüben können, wenn wir es wirklich wollen. Wir können eine entspannte Haltung, einen sinnvollen Gebrauch unseres Körpers und eine positive Lebenseinstellung erlernen; wir können uns aber auch dazu entscheiden, eine schlechte Körperhaltung beizubehalten und unseren Geist mit negativen Gedanken zu belasten. Für viele Menschen ist die Alexander-Technik der erste Schritt zu seelischer Heilung und innerem Wachstum.

Massage

Ebenso wie die Alexander-Technik ist Massage in erster Linie eine Körpertherapie. Sie kann uns jedoch ebenfalls auf ein verborgenes Trauma aufmerksam machen und uns motivieren, es anzugehen. Bei der Massage ist es äußerst wichtig, daß Sie der Therapeutin volles Vertrauen entgegenbringen, da Sie sich buchstäblich in ihre Hände begeben. Vielen Menschen fällt es schwer, bereits dieses geringe Maß an Vertrauen zu entwickeln.

Jahrelang haftete der Massage der Ruf eines reinen Freizeitvergnügens an, das ein gewisses Wohlbefinden erzeugte, aber keinerlei therapeutischen Nutzen aufwies. Mittlerweile jedoch werden gerade in Krankenhäusern immer häufiger Massagetechniken eingesetzt. Besonders bei Schwerkranken, vor allem Herzpatienten, hat man damit gute Heilerfolge erzielt.

Wenn wir das Trauma einer zwanghaften Liebe durchlebt haben, dann haben wir möglicherweise bestimmte emotionale Reaktionen unterdrückt, was sich auch auf den Körper ausgewirkt haben kann. Wenn wir uns einer Massage unterziehen, dann können wir wieder

Zugang zu unseren Gefühlen finden. Das Hauptziel therapeutischer Massage ist Entspannung – ein Zustand, den viele von uns nur noch schwer erreichen können. Gerade wenn wir erschöpft oder gestreßt sind, entschließen wir uns zu einer Massage und hoffen, uns körperlich entspannen zu können.

Wenn Sie in guten Händen sind, dann werden Sie sich nach einer Massage viel besser fühlen. Sie werden auf einfühlsame, nicht-sexuelle Weise berührt. Im Laufe der Behandlung werden Sie feststellen, daß sich nicht nur Ihre Muskeln entspannen, sondern daß Sie auch innerlich loslassen können und ruhiger werden. Es gibt mittlerweile neben den vielen Masseurinnen auch hervorragende Masseure, die Sie in der Regel kräftiger massieren werden. Sie können selbst entscheiden, welche Methode Sie bevorzugen. Manche Masseurinnen setzen ätherische Öle ein, die die therapeutische Wirkung unterstützen und zusätzlich entspannend wirken.

Rolfing

Rolfing ist eine tiefe Bindegewebsmassage, die viel fester als eine normale Massage ausgeführt wird und anfangs sogar recht schmerzhaft sein kann. Ihre Begründerin Dr. Ida Rolf ging wie Alexander davon aus, daß Gefühle, die lange im Körper aufgestaut sind, physische Veränderungen und Schädigungen hervorrufen können. Obwohl auch beim Rolfing nur am Körper gearbeitet wird, kann ein seelischer Schmerz freigelegt und gelöst werden. Während die Therapeutin an verschiedenen Körperpartien arbeitet, können Erinnerungen an vergangene traumatische Erlebnisse aufsteigen.

Eine Rolfing-Sitzung findet in der Regel einmal wöchentlich statt und dauert etwa eine Stunde. Zunächst werden Sie von allen Seiten fotografiert, damit Sie den Erfolg der Therapie verfolgen können. Die Therapeutin setzt ihre Knöchel und Finger ein, um die Schichten des Bindegewebes zu dehnen und zu trennen. Sie wird mit dem Unterleib, dem Brustkorb, dem Becken, den Füßen und sogar dem Mund arbeiten. Manche Klienten empfinden Rolfing als sehr wohltuend, andere wiederum als recht schmerzhaft. Je verspannter Sie sind, desto schmerzhafter wird die Behandlung sein – zumindest vorübergehend.

Rolfing wird, ebenso wie die normale Massage und die Alexander-Technik, als Möglichkeit zur persönlichen Weiterentwicklung gesehen. Sie ist ein wichtiger Schritt auf dem Weg zu seelischer Genesung und zur Erschließung unserer individuellen Fähigkeiten.

Da man bei diesen Therapieformen den Therapeuten sehr nahe an sich heranläßt und bei Massage und Rolfing kaum bekleidet ist, ist es sehr wichtig, daß zwischen Therapeut und Klient eine vertrauensvolle Basis besteht. Wenn Sie sich aus irgendwelchen Gründen bei Ihrem Lehrer oder Ihrer Masseurin nicht wohl oder sicher fühlen, brechen Sie die Therapie ab; sie könnte Ihnen mehr schaden als nützen. Bei all diesen Therapien kommt es schließlich darauf an, daß Sie sie als wohltuend empfinden und sich danach besser fühlen.

Folkloretanz

Es mag viele erstaunen, daß der Folkloretanz, der in seiner heutigen Form Anfang der achtziger Jahre entwickelt wurde, mittlerweile zunehmend zu therapeutischen Zwecken eingesetzt wird. Der Folkloretanz lehnt sich stark an alte Tanzrituale an; man stellt sich im Kreis auf, hält sich an den Händen und führt zu einer bestimmten Musik eine Reihe von festgelegten Tanzschritten aus. Das Besondere am Folkloretanz ist, daß es keine Konkurrenz unter den Teilnehmern und keine patriarchalen Strukturen gibt (im Gegensatz zum Gesellschaftstanz, bei dem stets die Männer führen und die Frauen folgen müssen); alle sind gleichberechtigt.

Es gibt mittlerweile fast überall in Europa und Amerika solche Tanzgruppen. Beim gemeinsamen Tanz können sich durch gruppendynamische Prozesse, durch Bewegung und freiwerdende Energien lange aufgestaute Gefühle lösen. Diese Art des gemeinsamen Tanzens hat zweifellos eine heilende Wirkung.

Obwohl die meisten Teilnehmer vor allem um der Entspannung,

des Vergnügens und der körperlichen Bewegung willen einen Folkloretanz-Kurs besuchen, ziehen doch viele schließlich weit mehr aus dieser Erfahrung. Wie bereits erwähnt, gehört es zu den Folgen zwanghafter Liebe (eigentlich jeden schweren Traumas), daß wir zu anderen Menschen keine richtige Beziehung aufbauen können. Indem wir auf diese harmlose Weise mit anderen Menschen Kontakt aufnehmen, können wir wieder ein Gefühl der Verbundenheit und Zugehörigkeit entwickeln. Der Kreistanz vermittelt uns das Gefühl, daß wir Teil einer Gemeinschaft sind, Teil eines großen Ganzen, und daß uns mit anderen eine Menge verbindet.

Ein solches Treffen dauert in der Regel eineinhalb Stunden, und es werden jedesmal verschiedene Tänze eingeübt. Es kommt nicht darauf an, daß Sie alles richtig machen – niemand wird Ihre «Leistungen» beurteilen. Die Kurse werden stets von einer Folkloretanz-Expertin gehalten.

Für Menschen, die eigentlich gerne tanzen würden, die mit dem Gesellschaftstanz jedoch immer Probleme hatten, kann der Folkloretanz eine befreiende Wirkung haben. Viele Teilnehmer von Folkloretanz-Gruppen finden auf diese Weise zu sich selbst zurück oder entdecken eine Seite von sich, die sie längst für verloren hielten.

Es ist wichtig, daß Sie den Kurs bei einer ausgebildeten Lehrerin machen, denn es werden ganz spezielle Tänze eingeübt, deren Schritte eine rituelle Bedeutung haben.

Autogenes Training

Diese westliche Meditationstechnik wurde in den dreißiger Jahren entwickelt. Sie lehrt uns, die «Kampf- oder Fluchtmechanismen» unseres Körpers, die zu Angst, Sorge und vermehrtem Streß führen, abzustellen und statt dessen unser Ruhe-, Entspannungs-, Erholungspotential zu aktivieren.

Wie die Alexander-Technik und der Kreistanz sollte auch autogenes Training bei einem qualifizierten und erfahrenen Lehrer erlernt werden. Das ist wichtig, weil viele Teilnehmer beim autogenen

Training ungewöhnliche Reaktionen, sogenannte Abreaktionen, erleben. Unterdrückte Gefühle können an die Oberfläche kommen und sich in unkontrollierten Weinkrämpfen, Lachanfällen oder gar körperlichen Schmerzen entladen. Wenn Sie diese Übungen alleine durchführen, dann werden Sie möglicherweise von solchen Reaktionen völlig überrascht. Eine Lehrerin jedoch wird bereits die ersten Anzeichen bemerken.

Das Training, eine Mischung aus Autosuggestion und Autohypnose, besteht aus einer Reihe von Übungen, mit denen wir unser «passives Konzentrationsvermögen» schulen können. Wir lernen, wie wir nacheinander alle Körperpartien entspannen können, indem wir uns beispielsweise sagen: «Mein rechter Arm ist schwer» oder «Mein linkes Bein ist warm.»

Die meisten Kurse umfassen acht Sitzungen, die in der Regel ausreichen, um die Übungen später selbständig durchführen zu können. Autogenes Training können Sie überall praktizieren – beim Autofahren, kurz vor einem Vorstellungsgespräch oder in irgendeiner anderen Streßsituation. Es ist eine bewußte, kontrollierte Form der Entspannung, die, wie die Alexander-Technik auch, dazu dient, unbewußte, nutzlose Gewohnheiten kontrollieren zu lernen.

Autogenes Training ist darüber hinaus eine Möglichkeit, zu sich selbst zu finden. Die Technik erfordert eine Menge Konzentration und kann als eine Art Meditation angesehen werden. Durch autogenes Training lernen wir uns selber besser kennen, lernen, uns bewußt Zeit für uns zu nehmen, und stärken unser Selbstbewußtsein.

Menschen, die eine zwanghafte Liebe erlebt haben, die zurückgewiesen und tief verletzt wurden, leiden häufig unter Minderwertigkeitsgefühlen und mangelnder Selbstachtung. Auch wenn die Übungen auf den ersten Blick sehr einfach wirken, so können sie eine tiefgreifende Wirkung haben. Autogenes Training ist eine Möglichkeit, ein Gefühl für sich selbst zu entwickeln – so wie alle anderen Körpertherapien auch.

Seit sich in den letzten Jahren auch die klinische Forschung mit autogenem Training beschäftigt hat, gilt das Training als zuverlässige Methode zur Entspannung und zum Streßabbau. Wie jede andere Therapie auch muß autogenes Training regelmäßig praktiziert werden, damit es Wirkung zeigt.

Hatha-Yoga

Die medizinische Wissenschaft hat sich auch mit der sehr alten Kunst des Hatha-Yoga befaßt. Es hat sich gezeigt, daß man mit Yoga eine große Zahl psychosomatischer Beschwerden erfolgreich behandeln kann. Es gibt zwei Bereiche des Hatha-Yoga – «Pranayama» (Atmen) und «Asanas» (Körperhaltungen). Allein die Tatsache, daß es während des Unterrichts nahezu unmöglich ist, an etwas anderes als die eigene Atmung und Körperhaltung zu denken, hat bereits einen großen therapeutischen Effekt.

Yoga erfordert ein hohes Maß an Konzentration und wird in der Regel in kleinen Gruppen durchgeführt. Dabei ist es wichtig, sich unter keinerlei Leistungs- oder Konkurrenzdruck zu setzen. Wir sollten nicht versuchen, jedesmal neue Rekorde aufzustellen. Natürlich werden wir uns bei regelmäßigem Training stetig verbessern. Es ist ohne weiteres möglich, die Yoga-Übungen auch allein durchzuführen. Ich halte es jedoch für sinnvoller, einen Yoga-Kurs zu besuchen, damit Sie auch in gruppendynamische Prozesse miteinbezogen sind. Sie werden feststellen, daß es weitaus anregender ist, in einer Gruppe zu üben, und daß Sie sich stärker gefordert fühlen. Wenn man alleine übt, ist die Versuchung groß, abzubrechen oder zu «mogeln». Außerdem kann Yoga, wenn wir es alleine praktizieren, schnell langweilig werden.

Mittlerweile ist es kein Problem mehr, für jedes Alter und jedes Leistungsniveau den geeigneten Kurs zu finden. Viele machen die Erfahrung, daß sie im Laufe des Kurses an Selbstvertrauen gewinnen, da sich oft ganz überraschende Erfolge einstellen. Die meisten Yoga-Lehrer oder -Schulen bieten Kurse für Anfänger und Fortgeschrittene an. Obwohl es verschiedene Yoga-Richtungen gibt, orientieren sich doch alle am selben Grundschema.

Am besten tragen Sie bequeme Kleidung – Gymnastikhosen, Leggings oder Jogginghosen, aber keine Jeans. Die ersten fünfzehn bis zwanzig Minuten des Unterrichts sind der Atmung (Pranayama) gewidmet. Wir lernen, die verbrauchte Luft auszustoßen und unsere Lunge zu reinigen. Danach folgt das Sonnengebet – die bekannteste Yoga-Übung, bei der jede Körperpartie beteiligt ist.

Im nächsten Unterrichtsabschnitt lernen wir die verschiedenen Asanas kennen und beginnen in der Regel mit dem Kopfstand. Viele fürchten sich vor dieser Übung, weil sie ihnen zu schwierig, ja undurchführbar erscheint. Doch die meisten werden feststellen, daß sie den Kopfstand schon nach wenigen Wochen perfekt beherrschen. Anschließend üben wir die Kerze.

Eine Yoga-Stunde ist so konzipiert, daß auf jede Bewegung oder Stellung eine ausgleichende Gegenbewegung folgt, so daß systematisch jede Körperpartie bewegt wird. Auf die Umkehrstellungen – Kopfstand und Kerze – folgen stets eine Reihe von Rumpfbeugen.

Danach legen wir uns auf den Bauch und biegen den Rücken nach oben – an jede Asana schließt sich eine Ausgleichsübung an. Normalerweise folgt nach einer Übungseinheit eine kleine Entspannungspause. Zum Schluß erfolgen dann verschiedene Dreh- und Standübungen. Im Laufe der Zeit werden Sie immer länger in einer Stellung verharren können – und gerade darin liegt einer der größten Nutzen der Übungen.

Yoga ist kein körperlicher Belastungstest, und niemand sollte die Übungen bis zur Schmerzgrenze steigern. Aber wenn Sie sich ganz langsam dehnen, werden Sie feststellen, daß Sie Übungen durchführen können, die Sie sich nie zugetraut hätten – wie den Lotussitz, das Rad und die Krähe, bei der Sie in die Hocke gehen, auf den Händen balancieren und Ihre Knie auf den Ellbogen abstützen.

Eine Yoga-Stunde schließt für gewöhnlich mit einer zehn- bis fünfzehnminütigen «tiefen Entspannung» ab, bei der Sie nach und nach jeden Körperteil entspannen, auch die Organe. Die meisten Anfänger finden diese Übung am allerschwierigsten, weil dann oft unwillkommene Gedanken auf sie einstürmen. Als ich meinen ersten Yoga-Kurs besuchte, kreisten meine Gedanken wochenlang um finanzielle Probleme. Sorgen und Entspannung lassen sich natürlich nicht miteinander vereinbaren.

Manche Menschen fürchten sich richtig vor der Entspannungsübung. Aber im Laufe der Zeit werden auch sie lernen, ihre Gedanken abzuschalten. Es wundert nicht, daß sorgenvolle und störende Gedanken gerade dann auftauchen, wenn wir uns entspannen wollen, denn im Alltag lassen wir ihnen keine Chance, in unser Bewußtsein vorzudringen. Wir unterdrücken sie, indem wir uns ständig neuen Reizen aussetzen – Fernsehen, Radio, Geselligkeit, Freizeitaktivitäten, Arbeitswut. Wir werden uns erst dann zu einer Therapie entschließen können, wenn wir bereit sind, diese Gedanken zuzulassen und zu den verborgenen Bereichen unserer Seele vorzudringen.

Obwohl wir Yoga auch anhand von Büchern lernen können, so profitieren wir unter Anleitung eines engagierten Lehrers am meisten davon. Die medizinische Forschung hat herausgefunden, daß Yoga, ebenso wie autogenes Training, eine Reihe von psychosomatischen Beschwerden lindern kann und besonders jenen Erleichterung bringt, die unter Sorgen oder Streß leiden.

Meditation

Man könnte autogenes Training und Yoga durchaus als eine Art Einführung in die Meditation verstehen. Die «passive Konzentration», die wir beim autogenen Training erlernen, ist eigentlich schon eine Meditation, und viele Yoga-Lehrer schließen den Unterricht mit einer kurzen Meditation oder einem Gebet ab.

Meditation ist die Kunst, unseren Geist zur Ruhe zu bringen und nach innen zu richten, um einen Zustand des Friedens und der Selbstbesinnung zu erreichen. Seit diese östliche Kunst der Versenkung in den sechziger Jahren im Westen eingeführt wurde, ist sie immer populärer geworden.

Manchen von uns fällt es leicht zu meditieren, andere wiederum tun sich sehr schwer damit. Als Faustregel gilt: Je extrovertierter

Sie sind, desto schwerer wird Ihnen die Meditation fallen. Die Stille, der Versuch, seine Gedanken auf einen bestimmten Punkt zu richten, kann zermürbend sein. Wie beim Yoga, können störende Gedanken gerade dann auftauchen, wenn Sie sie am wenigsten gebrauchen können.

Es gibt viele verschiedene Meditationsrichtungen – angefangen bei jenen, die hauptsächlich um Entspannung bemüht sind, bis hin zu den spirituell orientierten, die manchen Neuling befremden. Die bekannteste Methode bei uns im Westen ist TM – Transzendentale Meditation –, aber inzwischen gibt es auch zahlreiche andere Richtungen, von denen sich die meisten an einem östlichen Guru orientieren.

Doch seien Sie vorsichtig: Auch wenn sich die meisten Meditationsschulen auf den ersten Blick kaum voneinander unterscheiden, so gibt es unter den vielen, die zur Zeit verstärkt um Interessenten werben, einige, die vor allem an Ihrem Geld interessiert sind und überteuerte Kurse anbieten. Ich würde Ihnen raten, keine Meditationsschule zu besuchen, die mehr als 400 Mark für einen ein- bis zweitägigen Kurs verlangt. Als Faustregel kann man sagen: Je billiger die Kurse sind, desto seriöser die Absichten. Bedauerlicherweise versucht man immer wieder, durch Meditationskurse ahnungslose Menschen in gefährliche Sekten hineinzuziehen – was selbstverständlich nicht heißt, daß Meditation an sich in irgendeiner Weise gefährlich ist.

Wenn Sie anfangs in einer Gruppe meditieren, wird es Ihnen später nicht mehr schwerfallen, alleine weiterzuüben. Man setzt sich am besten im Schneidersitz (beim Hatha-Yoga als «leichte Stellung» bekannt) auf den Boden; die Hände liegen entweder auf den Knien oder berühren sich leicht in der Leistenbeuge. In dieser Stellung sind Ihre körperlichen Energien zentriert und können nicht abfließen. Sie sollten den Rücken möglichst gerade halten. Wenn es Ihnen schwerfällt, auf dem Boden zu sitzen, legen Sie sich ein Kissen unter. Im Idealfall berühren Ihre Knie den Boden, was jedoch einige Übung erfordert.

Dann entscheiden Sie selbst, was Ihnen am angenehmsten ist.

Manche schließen beim Meditieren gerne die Augen, andere lassen sie lieber offen. Wenn Sie die Augen geöffnet lassen, dann konzentrieren Sie sich auf einen Gegenstand im Raum. Wenn es Sie entspannt, können Sie ein Räucherstäbchen entzünden. Manche Meditationsexperten empfehlen, einen Laut wie beispielsweise «Om» leise vor sich hin zu singen. Der monotone Singsang hilft uns, uns zu konzentrieren und ruhig zu werden und nicht an unsere täglichen Pflichten, unsere Arbeit oder Beziehungsprobleme zu denken. Diese Laute werden als Mantras bezeichnet, und es heißt, daß sie besondere Schwingungen erzeugen. «Om» ist das bekannteste und einfachste Mantra; andere sind beispielsweise «Om Namah Sivaya» oder «Om Namo Narayanaya» – Anrufungen der Götter des hinduistischen Pantheons.

Manche Meditationsschulen haben die alten hinduistischen Mantras durch westliche Laute wie «Ah» ersetzt, da viele Neulinge die alten Hindu-Laute als abschreckend und fremdartig empfinden oder sich unangenehm an die Hippie-Kultur der sechziger Jahre erinnert fühlen.

Wir können uns als Meditationshilfe auch einen Begleittext anhören. Mittlerweile gibt es eine große Auswahl an Meditationskassetten. Wer «New Age»-Musik vorzieht, kann sich beispielsweise auch bei Wellenrauschen oder Vogelgesang entspannen.

Versuchen Sie täglich, fünfzehn Minuten lang die Meditationsübung durchzuführen. Wenn Sie irgend etwas sehr belastet, so wird es früher oder später an die Oberfläche kommen. Die größten Meditationsgegner sind oft Menschen, die mit möglicherweise ganz unerwartet auftauchenden Gedanken nicht umgehen können. Sie schrecken davor zurück, mit negativen Gedanken oder Gefühlen konfrontiert zu werden, während sie sich doch alle Mühe geben, sich in einen friedvollen Zustand zu versetzen.

Wenn solche Gedanken in uns aufsteigen, dann sollten wir nicht gegen sie ankämpfen, sondern ihnen freien Lauf lassen, uns fragen, woher sie kommen und wie wir mit ihnen umgehen können. Meditieren befreit unseren Geist, und es ist deshalb ganz natürlich, daß solche Gedanken auftauchen. Manchmal werden wir vielleicht ganz unerwartet Ärger oder Groll empfinden. Je länger wir meditieren, desto tiefer dringen wir in unser Inneres vor – die verschiedenen Schichten unseres Geistes werden nach und nach freigelegt.

Ein Meditations-Lehrer sagte einmal, Meditieren sei wie Messing putzen. Wenn wir mit dem Reiben beginnen, löst sich eine Menge Schmutz, aber der Gegenstand scheint kaum sauberer zu werden. Anfangs wird er sogar noch unansehnlicher. Aber wenn wir weiterreiben, beginnt er ganz allmählich zu glänzen – und wir werden schließlich für unsere Mühen belohnt.

Bei der Meditation geht es darum, die «schmutzigen» Schichten unseres Geistes zu lösen, damit das wahre Ich zum Vorschein kommen kann – das positive, liebevolle Ich. Wenn wir also unerklärlichen Zorn oder ein tiefes Unbehagen empfinden sollten, so ist das kein Grund zur Sorge – diese Gefühle zeigen uns, daß ein Prozeß in Gang gesetzt wurde.

Erschrecken Sie nicht, wenn eine tief verborgene Erinnerung an die Oberfläche kommt. Es ist ein deutliches Zeichen dafür, daß Sie innerlich dazu bereit sind, mit ihr umzugehen und sie zu bewältigen. Denken Sie daran: Was wir nicht fühlen, können wir nicht heilen.

Gerade wenn wir den Schmerz nicht fühlen, schadet er uns am meisten. Es ist wie bei einem Krebsleiden, das im Anfangsstadium völlig schmerzlos und unauffällig ist. Im Gegensatz zu einigen Krebskrankheiten kann seelischer Schmerz jedoch in den allermeisten Fällen geheilt werden – wenn wir dazu bereit sind.

Psychotherapie und Beratung

Die Erinnerungen, die durch Meditation, Yoga oder andere Körpertherapien zutage gefördert werden, sind möglicherweise so traumatisch, daß wir sie nicht alleine bewältigen können. Wenn wir regelmäßig meditieren, so kann uns das Erleichterung, wenn nicht gar Heilung bringen. «Heilung» würde in diesem Fall bedeuten, daß wir keine Angstvorstellungen mehr haben, daß wir keinen Groll, keine «obsessiven» Gefühle der anderen Person gegenüber hegen. Wenn wir jedoch weiterhin von solchen Emotionen oder Gedanken gequält werden, dann sollten wir uns einer der «klassischen» Therapien unterziehen, damit wir uns endgültig von ihnen befreien können.

Psychotherapie und Beratung sind zwei recht vage Begriffe, die sehr schnell in unseren allgemeinen Sprachgebrauch eingegangen sind. Mittlerweile kann sich jedermann, auch ohne entsprechende Qualifikation oder Ausbildung, als Psychotherapeut oder Berater niederlassen. Und eine schlechte oder ungeeignete Psychotherapie schadet mehr, als daß sie nützt.

Natürlich kann auch eine anerkannte Ausbildung nicht dafür garantieren, daß dieser Therapeut der richtige für Sie ist. Ebensowenig muß eine fehlende akademische Ausbildung bedeuten, daß ein Berater nichts taugt. Dennoch ist in jedem Falle Vorsicht geboten. Wenn möglich, lassen Sie sich einen Therapeuten empfehlen, statt auf Anzeigen in Zeitungen oder Magazinen zu reagieren. Kein guter und angesehener Therapeut oder Berater hat es nötig, für sich zu werben.

Trotzdem sollte man sich natürlich nicht nur auf persönliche Empfehlungen verlassen. Am wichtigsten ist es, daß sich zwischen Ihnen und dem Therapeuten oder der Therapeutin eine Vertrauensbasis entwickelt, daß Sie sich in seiner oder ihrer Gegenwart wohl und gut aufgehoben fühlen. Wenn der Therapeut oder die Therapeutin einen seriösen und kompetenten Eindruck auf Sie macht, Sie aber trotzdem Bedenken haben, dann entscheiden Sie sich für einen anderen. Bitten Sie um eine Einführungssitzung, bevor Sie sich endgültig für eine, möglicherweise sehr teure, Therapie entscheiden.

Ganz gleich welcher psychotherapeutischen Schule eine Therapeutin angehört, sie wird Ihnen stets eine Reihe von gezielten Fragen stellen, um sich ein möglichst genaues Bild von Ihrem Problem zu machen. Aber Sie selbst bestimmen, was Sie sagen – man wird Ihnen nichts aufdrängen oder suggerieren. Falls dies dennoch der Fall sein sollte, brechen Sie die Therapie ab, denn sie könnte Ihnen sehr schaden.

Je nach Art der Therapie werden Sie auf einem Stuhl sitzen oder auf einer Couch liegen. Im allgemeinen liegt man bei einer Psychotherapie auf einer Couch, während man bei einer Beratungssitzung dem Therapeuten gegenübersitzt.

In England versteht man unter Psychotherapie eine Methode, mit der man psychische Probleme allgemeiner Art angeht, während man sich in einer Beratung ganz spezifischen Problemen widmet. In der Praxis sind die Begriffe allerdings ziemlich austauschbar, und niemandem ist es bisher gelungen, die beiden Bereiche klar voneinander abzugrenzen. In den USA wiederum wird das, was wir unter Beratung verstehen, als Psychotherapie bezeichnet.

Mittlerweile gibt es zahlreiche Therapeuten, die sich auf die Behandlung von Traumata spezialisiert haben – das heißt, die ihren Klienten helfen können, ein ganz bestimmtes, schreckliches Erlebnis in ihrem Leben zu verarbeiten. Wie unterschiedlich die Methoden auch sein mögen, sie verfolgen doch alle dasselbe Ziel: Der Klient soll dazu ermutigt werden, sein traumatisches Erlebnis noch einmal zu durchleben, damit es ins Bewußtsein gelangt und mit Hilfe neuer Einsichten und eines neuen Verständnisses verarbeitet werden kann. Obwohl normalerweise keine Hypnose eingesetzt wird, so erreicht man im Laufe der Therapie dennoch einen veränderten Bewußtseinszustand – eine tiefere Wahrnehmungsebene.

Nur Sie können wissen, ob und wann Sie gemeinsam mit Ihrer Therapeutin «ins Schwarze treffen». Manchmal gelingt dies, trotz beiderseitigen Bemühens, nicht. Dafür gibt es eigentlich nur zwei Gründe: Entweder tappt Ihr Therapeut völlig im dunkeln, oder Sie sind innerlich noch nicht dazu bereit, sich mit dem Problem zu konfrontieren.

Ein guter Therapeut sollte Sie nicht in die falsche Richtung lenken, denn es sollte alles von Ihnen selbst ausgehen. Der Therapeut sollte keine Suggestivfragen stellen, sondern Ihnen lediglich das, was Sie sagen, widerspiegeln und Sie dabei unterstützen, weiter in Ihr Inneres vorzudringen, damit der seelische Schmerz an die Oberfläche treten kann.

Regressionstherapie

Dies ist eine der wirkungsvollsten Therapien, um die Erfahrungen einer zwanghaften Liebe aufzuarbeiten. Bemühen Sie sich deshalb um einen Therapeuten, der sich auf dieses Gebiet spezialisiert hat. Regressionstherapeuten haben gelernt, die richtigen Fragen zu stellen, um tief verborgene Erinnerungen freizulegen und sie dann mit Ihnen gemeinsam zu bearbeiten.

Sehr häufig hat man das traumatische Erlebnis nie richtig «durchlebt». Meist schalten die Betroffenen, noch während sie die schmerzhafte Erfahrung machen, ihre Gefühle ab und sagen sich: «Das ist nicht wahr. Das passiert mir nicht wirklich.» Opfer von sexuellem Kindesmißbrauch haben beispielsweise ihren Schmerz häufig derart verdrängt, daß sie sich überhaupt nicht mehr an das Ereignis erinnern können.

Wenn wir uns erinnern wollen und auf Gedächtnislücken stoßen, so ist dies meist ein Hinweis darauf, daß da etwas ist, das wir bewußt vergessen haben. Diese Verdrängung war für uns die einzige Möglichkeit, die tiefe seelische Verletzung zu verkraften – aber, wie bereits erwähnt, zahlen wir einen hohen Preis dafür. In unserem späteren Leben kann diese Überlebensstrategie eine äußerst destruktive Wirkung entfalten. Deshalb müssen wir sie durch etwas Positives und Konstruktives ersetzen.

Viele Erwachsene zum Beispiel, die als Kinder schwer mißhandelt wurden, haben keinerlei Erinnerungen mehr an die Zeit zwischen ihrem siebten und elften Lebensjahr – eine Zeitspanne, die mit lebendigen Erinnerungen angefüllt sein müßte. Ebenso können beispielsweise Menschen, die einer zwanghaften Liebe zum Opfer fielen, alles vergessen haben, was sich zwischen ihrem achtzehnten und zwanzigsten Lebensjahr ereignete – diese Jahre sind wie ausgelöscht. Aber tief im Unterbewußtsein sind die Erinnerungen noch wirksam. Sie sind ruhiggestellt, aber nicht verschwunden.

Bei einer Regressionstherapie liegen Sie in der Regel auf einer Liege und sind mit einer Decke zugedeckt, während die Therapeutin neben Ihnen sitzt. Damit Sie sich besser entspannen können, wird sie anfangs ein paar Worte sagen oder vielleicht Kristalle oder Musik einsetzen. Im Behandlungsraum sollte es warm und ruhig sein; nichts sollte Sie ablenken.

Sie können die Gespräche auch auf Band aufnehmen. Da wir uns nach den Sitzungen oft nicht mehr an das erinnern können, was wir gesagt haben, kann es sehr hilfreich sein, sich später alles noch einmal anzuhören. Vieles wird uns dann erst richtig bewußt. Außerdem haben wir so die Möglichkeit, den Verlauf der Therapie mitzuverfolgen.

Die meisten Regressionstherapeuten veranschlagen für eine Sitzung mehr als die bei Psychotherapeuten und Beratern übliche fünfzigminütige Therapiestunde. Das liegt daran, daß es oft schwierig ist, zu den verborgenen Erinnerungen vorzudringen: Möglicherweise schweigen wir viel, überlegen lange und können uns nur nach und nach wieder erinnern. Wenn wir ein schweres Trauma durchlitten haben, so können wir innerhalb einer Stunde nur wenig erreichen, da wir häufig auf starke innere Widerstände stoßen. Ganz gleich, ob die Erinnerungen aus uns heraussprudeln oder sich nur mühsam hervorlocken lassen, die Therapeutin wird respektieren, daß wir unserem eigenen Tempo folgen müssen.

Normalerweise führt uns die Therapeutin ganz allmählich an das traumatische Erlebnis heran. Sie möchte die Erfahrung in einem größeren Zusammenhang sehen, sie in Beziehung zu den Erlebnissen und Gefühlen unserer Kindheit setzen. Häufig hatten Menschen, die einer zwanghaften Liebe zum Opfer gefallen sind, in ihrer Kindheit das Gefühl, etwas Besonderes zu sein, sich von ihrem sozialen Umfeld abzuheben und ihrer Familie überlegen zu sein.

Das Gefühl, etwas Besonderes zu sein und nicht dazuzugehören, das einst als Überlebensstrategie diente, ist der wichtigste Faktor bei der Entstehung zwanghafter Liebe. Hüten Sie sich vor Therapeuten, die Sie in eine bestimmte Richtung drängen wollen. Die Therapeutin sollte Ihnen keine Antworten in den Mund legen, sondern Sie frei sprechen lassen. Und bedenken Sie: Es mag noch so viele Theorien über den Zusammenhang zwischen bestimmten Kindheitserfahrungen und Problemen im Erwachsenenalter geben

– es sind und bleiben Theorien. Es sind keine unfehlbaren Weisheiten, und sie müssen nicht unbedingt auf Sie zutreffen.

Wenn Sie und die Therapeutin das Gefühl haben, daß der Zeitpunkt gekommen ist, um Ihre Erfahrung erneut zu durchleben, dann werden die Fragen konkreter. Sie werden wahrscheinlich ein flaues Gefühl im Magen haben oder anfangen zu weinen oder irgendeine andere emotionale Reaktion zeigen, die Sie wahrscheinlich nicht kontrollieren können. Machen Sie sich keine Sorgen – Ihre Therapeutin ist an solche Ausbrüche gewöhnt und weiß sie einzuordnen. Beunruhigen Sie sich nicht, wenn Sie sich an etwas nicht erinnern können. Wenn Sie unbeirrt fortfahren, werden die Erinnerungen ganz von selbst wieder zurückkehren.

Die Psychotherapeutin Vera Diamond, die sich auf Regressionstherapie spezialisiert hat, schreibt:

«Es ist deshalb so ungemein wichtig, uns von quälenden Erinnerungen zu befreien, weil es uns sonst nie gelingen wird, bewußt in der Gegenwart zu leben. Der einzige Weg, um in der Gegenwart zu leben, um unsere Persönlichkeit voll zu entwickeln, besteht darin, das Trauma aufzulösen, indem wir die verschlossene Tür öffnen und den Mut aufbringen, uns mit dem zu konfrontieren, was wirklich passiert ist – und es neu durchleben.

Wir müssen die Angstschwelle überwinden, die im Grunde die Angst vor uns selbst, vor unseren eigenen Reaktionen ist.»

Vielleicht werden wir uns in Selbstvorwürfen ergehen oder andere für unseren Schmerz verantwortlich machen, vielleicht werden wir Schuldgefühle haben oder den Wunsch verspüren, uns in einem besseren Licht darzustellen. Eine gute Therapeutin wird unser Verhalten nicht verurteilen. Was immer wir getan haben, wie peinlich es uns auch sein mag, daß wir einst derart die Kontrolle über uns verloren, sie wird uns und unser Verhalten voll und ganz akzeptieren.

Im Verlauf der Sitzung wird man Sie schließlich bitten, sich an das Erlebnis zu erinnern und es so zu schildern, als würden Sie es gerade erleben – stellen Sie sich vor, Sie würden einen Film beschreiben, den Sie sich gerade ansehen. Und genauso werden Sie es empfinden: Eine Art Leinwand wird vor Ihrem geistigen Auge erscheinen, und Sie werden den geliebten Menschen wieder genauso vor sich sehen wie damals. Sie werden die ganze Wucht der Gefühle zu spüren bekommen, die Sie überfiel, als Sie dieser Person zum erstenmal begegneten und sich in sie verliebten. Sie werden alle emotionalen Höhen und Tiefen, die Sie damals durchlitten, erneut erleben. Sie werden sich in die Zeit zurückversetzt fühlen, in der Sie sich so unsterblich verliebten, und dieselben Empfindungen haben wie damals. Sie werden vergessen, daß Sie ein vernunftbegabter, nüchterner, erwachsener Mensch sind, und wieder das besessene, gequälte, willenlose Opfer Ihrer leidenschaftlichen Gefühle sein.

Alles wird Ihnen wieder gegenwärtig und nah sein – als wäre es gestern gewesen. Sie werden überrascht sein, woran Sie sich plötzlich wieder erinnern. Ihnen werden Details einfallen, von denen Sie nicht glaubten, daß Sie sie überhaupt wußten. Sie werden alles sehr klar und deutlich vor Augen haben und genauso empfinden wie damals.

Eine gute Therapeutin wird Sie in allen Phasen einfühlsam begleiten und Ihnen helfen, die Dinge in den richtigen Zusammenhang zu stellen. Sie wird Ihnen vor Augen führen, daß Sie damals nicht anders handeln konnten und daß Sie sich keine Vorwürfe machen müssen. Sie wird Ihnen aufzeigen, daß es unmöglich war, die Gefühle der geliebten Person zu beeinflussen. Was Sie auch unternahmen, Sie konnten den anderen nicht dazu bewegen, Sie zu lieben. Genausowenig tragen Sie für ihr oder sein Verhalten irgendwelche Verantwortung. Die geliebte Person hat ihr Handeln, ihre Reaktionen ganz allein zu verantworten.

Die Therapeutin wird darauf hinwirken, daß Sie nicht zu streng mit sich ins Gericht gehen, daß Sie sich nicht in Selbstvorwürfen ergehen oder sich mit Gewissensbissen quälen, daß Sie aber auch die andere Person nicht beschuldigen oder hassen. Was geschehen ist, ist geschehen. Es kann nicht mehr rückgängig gemacht werden. Aber wir können Wiedergutmachung leisten, wir können den Knoten lösen – und unsere Wunde kann verheilen.

Die Regressionstherapie ist keine Langzeittherapie. Sie ist in der Regel nach drei bis vier Sitzungen abgeschlossen. Je schmerzhafter die Erfahrung war, desto länger wird es natürlich dauern, sie aufzuarbeiten. Aber wenn Sie sich einmal dazu entschlossen haben, sich mit dem Problem zu konfrontieren, dann werden Sie relativ schnell Ihre Erinnerungen hervorholen und das Trauma auflösen können.

Wenn die Therapie erfolgreich verlaufen ist, werden Sie über die Auswirkungen erstaunt sein. Sie werden zum erstenmal wieder von einer gewissen Klarheit erfüllt sein. Sie werden sich fühlen, als hätten Sie eine zentnerschwere Last abgeworfen. Sie werden mit einem ganz neuen Selbstvertrauen in die Zukunft blicken, denn Sie haben die Gewißheit, daß das alte Problem endgültig überwunden ist. Eine erfolgreiche Therapie bewirkt auch, daß sich Ihre Haltung gegenüber der anderen Person einschneidend verändert. An die Stelle des lange aufgestauten Hasses und des Grolls werden positive Empfindungen wie Verständnis, Wohlwollen und Freundschaft treten.

In manchen Fällen kann es hilfreich sein, die andere Person noch einmal wiederzusehen – so wie ich es tat –, damit auch der letzte Rest einer emotionalen Fixierung überwunden werden kann. Nur Sie allein können darüber entscheiden. Manche befürchten vielleicht, daß sie sich gleich noch einmal verlieben könnten und alles wieder von neuem beginnen würde. Ich halte es jedoch für sehr unwahrscheinlich, daß es nach einer abgeschlossenen Therapie zu einer solchen Reaktion kommt.

Andere wiederum schrecken vor einer Wiederbegegnung zurück, weil sie möglicherweise ernüchtert feststellen könnten, daß sie sich damals in einen völlig reizlosen oder gar unsympathischen Menschen verliebten. Diese Erfahrung würde sie doppelt beschämen. Ich kann nur wiederholen, daß dies, sofern die leidenschaftlichen Gefühle sehr stark waren, sehr unwahrscheinlich ist. Auch wenn sich die andere Person verändert hat – nicht mehr jung und hübsch ist oder sich nicht so entwickelt hat, wie Sie es erwartet haben – so werden Sie in der Regel Seiten an ihm oder ihr entdekken, die Ihr anfängliches Urteil bestätigen. Sie werden feststellen, daß er immer noch sehr attraktiv ist oder daß sie wirklich ein außergewöhnlicher Mensch ist.

Das Beste, was Ihnen bei einem Wiedersehen passieren kann, ist, daß Sie Gemeinsamkeiten entdecken, sich näherkommen und Freunde werden. Im «schlimmsten» Fall werden Sie sich treffen, einander wohlwollend begegnen, über das Erlebnis reden, vielleicht darüber lachen und wieder Ihrer Wege gehen.

Bei einem Wiedersehen kann sich natürlich auch herausstellen, daß Sie sich ein ganz falsches Bild vom Objekt Ihrer Liebe gemacht haben. Sie hielten ihn oder sie vielleicht für äußerst interessant, selbstbewußt und weltgewandt – doch er oder sie wird sich vielleicht als scheu, unsicher und ängstlich entpuppen.

Seit immer mehr Menschen erkennen, wie wichtig und heilsam es ist, dunkle Geheimnisse aus der Vergangenheit ans Licht zu holen und sich von ihnen zu befreien, findet die Regressionstherapie immer größeren Anklang. Obwohl sich die meisten Regressionstherapeuten auf die Arbeit mit Opfern von Kindesmißhandlung und -mißbrauch spezialisiert haben, so heißt das natürlich nicht, daß wir von einer Therapie nur dann profitieren können, wenn wir schreckliche Kindheitserlebnisse verarbeiten wollen. Wir können in jedem Alter tiefe seelische Verletzungen erleiden – und sie hinterlassen stets ihre Narben.

Co-Counselling

Eine weitere, ebenfalls sehr erfolgreiche Therapieform ist das Co-Counselling. Es ist eine antiautoritäre Beratungsmethode, bei der man sowohl Berater als auch Klient sein kann. Statt einen ausgebildeten Therapeuten in Anspruch zu nehmen, können sich die Co-Counsellor nach einer kurzen Ausbildungsphase gegenseitig beraten.

Co-Counselling, auch als Neubewertendes Counselling bekannt, wurde in den sechziger Jahren entwickelt und baut auf der Notwendigkeit auf, sich von frühen schmerzhaften Gefühlen – wie Wut, Einsamkeit oder Groll – zu befreien, damit sich die Persönlichkeit frei entfalten kann. Solange wir unsere negativen Gefühle nicht ausleben, werden sie uns in unserer Entwicklung hemmen. Derjenige, der die Rolle des Beraters einnimmt, hilft dem Klienten, unterdrückte, verborgene oder verdrängte Gefühle zu erkennen, sie an die Oberfläche zu holen und auf unschädliche Weise zu verarbeiten. Nach einer gewissen Zeit tauschen Berater und Klient die Rollen.

Jeder, der sich für die Technik des Co-Counselling interessiert, muß zunächst einen vierzigstündigen Grundkurs absolvieren und ein Handbuch durcharbeiten. Die Leiter dieser Kurse verfügen stets über langjährige Erfahrung in Co-Counselling. Die Teilnehmer lernen, worauf es bei dieser Beratungsmethode ankommt: keine Kommentare abgeben, keine Ratschläge erteilen, kein Mitgefühl ausdrücken oder eigene Erfahrungen einbringen, sondern nur aufmerksam und einfühlsam zuhören. Der Berater sollte allerdings immer dann eingreifen, wenn der Klient abwertende Aussagen über sich macht wie beispielsweise: «Bei mir brennt schnell die Sicherung durch» oder «Ich gehe leicht in die Luft». Nach dem Co-Counselling-Konzept beruhen solche Selbsteinschätzungen auf Äußerungen, die uns so lange eingeimpft wurden, bis wir sie völlig verinnerlicht haben und sie unbewußt erfüllen – auch wenn sie gar nicht unserer wahren Persönlichkeit entsprechen.

Niemandem «brennt die Sicherung durch», und niemand «geht in die Luft», es sei denn, wir wollen es und haben uns lange genug eingeredet, diesem Bild zu entsprechen. Co-Counselling lehrt uns, daß wir im Grunde alle liebevolle, großzügige, positiv denkende und fürsorgliche Menschen sind, und wenn wir es nicht so empfinden, dann liegt es daran, daß uns in der Vergangenheit irgendein tiefer Schmerz zugefügt wurde. Wenn wir uns diesen Schmerz bewußtmachen, dann können wir uns auch von unseren überholten, einengenden Denkgewohnheiten lösen.

Das Hauptanliegen der Co-Counselling-Methode besteht darin, den therapeutischen Prozeß zu entmystifizieren. Indem man abwechselnd die Rolle des Beraters und des Klienten übernimmt, erfährt man, worauf es bei einer Therapie eigentlich ankommt und was ihren Erfolg ausmacht. Man erlebt am eigenen Leib, wieviel allein von der Initiative des Klienten abhängt.

Nach Beendigung des Grundkurses können sich jeweils zwei Teilnehmer einmal pro Woche für ein paar Stunden zusammensetzen. Sie können die Treffen fortsetzen, solange es beiden sinnvoll und lohnend erscheint. Co-Counselling ist kostenlos – Berater und Klient stellen ihre Zeit unentgeltlich zur Verfügung. Für den Grundkurs wird allerdings eine Gebühr erhoben. Dort hat man auch Gelegenheit, das gesamte weltweite Netzwerk der Co-Counsellor kennenzulernen und Kontakte zu anderen Teilnehmern herzustellen.

Co-Counselling ist besonders für jene geeignet, die das Bedürfnis haben, starken negativen Gefühlen Luft zu machen. Es bietet auch all jenen, die ihr Leben neu überdenken und ordnen möchten, die Chance, mit einem einfühlsamen Zuhörer über ihre Probleme zu sprechen. Das heißt nicht, daß wir uns in Selbstmitleid ergehen sollen. Es geht vielmehr darum, daß wir das, was uns belastet, an die Oberfläche holen und verarbeiten. Es ist keine Therapie für psychisch Kranke und kann auch keine psychotherapeutische Behandlung ersetzen.

In den Beratungsstunden werden vor allem drei Bereiche angegangen: Partnerbeziehungen, Arbeitsleben und individuelle Lebensgestaltung. Und da so viele Menschen immer wieder Probleme in ihrer Partnerschaft haben, nimmt dieser Bereich den größten Raum ein.

Wenn Sie zu Ihrem Gesprächspartner keine vertrauensvolle Beziehung aufbauen können oder wenn Sie das Gefühl haben, daß Ihnen die Sitzungen nicht weiterhelfen, können Sie darum bitten, daß man Ihnen einen anderen Partner zuteilt. Es gibt überall sogenannte «Bezugspersonen», die die einzelnen Gruppen betreuen und die Ihnen einen geeigneteren Partner vermitteln können.

Co-Counselling ist nicht mit einem Gespräch zwischen zwei Freunden zu vergleichen. Bei dieser partnerschaftlichen Beratungsmethode konzentriert sich Ihr Zuhörer voll und ganz auf Sie, läßt Sie zu Wort kommen, gibt keine Kommentare oder Wertungen ab.

Viele Co-Counsellor empfinden es anfangs als sehr schwierig, richtig zuzuhören und dem anderen seine ganze Aufmerksamkeit zu widmen, ohne das Gespräch auf sich zu lenken oder eigene Erfahrungen einzubringen.

Viele Menschen haben beim Co-Counselling zum erstenmal erlebt, daß ihnen jemand richtig zuhörte. Das kann eine erhebende Erfahrung sein. Co-Counselling ermöglicht es uns, Mißtrauen und lange bestehende Ängste anderer Menschen gegenüber abzubauen. Wenn wir einmal tief verletzt, enttäuscht oder schlecht behandelt wurden, dann können wir vielleicht nie wieder jemandem richtig vertrauen. Beim Partnergespräch erfahren wir, daß uns jemand möglicherweise deshalb schlecht behandelt, weil er oder sie selber leidet oder unglücklich ist. Wir werden sensibler für die Probleme anderer Menschen und sehen uns nicht mehr nur in der Opferrolle. Zu dieser Haltung neigen gerade jene, die eine zwanghafte Liebe erlebt haben. Co-Counselling trägt wesentlich dazu bei, diese Opferrolle abzulegen.

Darüber hinaus fördert Co-Counselling unsere Bereitschaft, uns zu öffnen, über uns zu reden, anderen zu vertrauen und ihnen innerlich nahezukommen. Die Beziehungen zwischen den Gesprächspartnern sind oft intensiver als gute Freundschaften, ohne jedoch erotischer oder sexueller Natur zu sein. Co-Counsellor können desselben oder auch unterschiedlichen Geschlechts sein.

Liebevoller, freundschaftlicher Körperkontakt spielt beim Co-Counselling eine wichtige Rolle. Die Gesprächspartner nehmen sich beispielsweise in den Arm oder halten die Hand des anderen. Auf diese Weise können wir die Isolation abbauen, in der wir uns befinden, weil wir niemanden an uns heranlassen und eine Rolle spielen.

Co-Counselling hat den besonderen Vorteil, daß uns eine große Auswahl an Therapiepartnern zur Verfügung steht. Aber es kann uns natürlich wie in jeder anderen Beziehung ergehen: Mit manchen haben wir dieselbe «Wellenlänge», mit anderen nicht. Wenn wir mit jemandem nicht «warmwerden», dann sollten wir unsere «Bezugsperson» bitten, uns einen anderen Gesprächspartner zu vermitteln. Manche Co-Counsellor arbeiten jahrelang zusammen. Wir können uns mit unseren Problemen jederzeit an unseren Co-Counsellor wenden, ohne uns Gedanken darüber machen zu müssen, ob unser Anliegen wichtig genug ist, um einen vielbeschäftigten Therapeuten damit zu behelligen, oder ob wir uns eine Therapie überhaupt leisten können.

Ein guter Co-Counsellor sollte sowohl in der Lage sein, aufmerksam zuzuhören, als auch über sich und seine Probleme zu sprechen. Nicht jeder von uns ist von Natur aus ein guter Zuhörer, aber wir können diese Fähigkeit erlernen. Und wenn wir jahrelang unsere Gefühle in uns verschlossen haben, können wir durch Co-Counselling lernen, uns einem anderen Menschen zu öffnen.

Die Auswirkungen einer Therapie

Gelegentlich sind die ersten Auswirkungen einer Therapie beunruhigend. Erwarten Sie nicht, daß sich sofort Erleichterung, Ausgeglichenheit, Abgeklärtheit oder Versöhnlichkeit einstellen. Sie werden möglicherweise von der Intensität Ihrer Gefühle und von Ihren Reaktionen überrascht sein und von der Tatsache, daß das Trauma Sie noch nach Jahren so stark beeinflußt.

Bedenken Sie, daß die Auflösung eines lange bestehenden Traumas durchaus mit dem Entzug von einer starken, bewußtseinsverändernden Droge zu vergleichen ist. Sie werden anfangs einen Widerstand dagegen spüren, den vertrauten Schmerz loszulassen, und das Bedürfnis haben, ihn festzuhalten, weil er nach all den Jahren ein Teil von Ihnen geworden ist. Möglicherweise sträuben Sie sich innerlich dagegen, sich der Realität zu stellen und Verantwortung für das vergangene Leid zu übernehmen, was bedeuten würde, daß Sie niemandem die Schuld an Ihrer schmerzvollen Erfahrung geben.

Aber nach und nach wird es Ihnen gelingen, und Sie werden sich so leicht, frei und gut fühlen wie nie zuvor. Viele Betroffene berichten, daß sie nach der Auflösung ihres Traumas ganz neue Energien verspürten. Manche entwickeln seit langem wieder sexuelle Gefühle, da ihre erstarrten Emotionen wieder erwachen. Menschen, die in ihrer Kindheit mißbraucht wurden, schalten ihre sexuellen Gefühle völlig ab, wenn nicht gar ihr ganzes Gefühlsleben. Auch die Opfer zwanghafter Liebe neigen zu dieser Reaktion.

Die beunruhigenden Gefühle, die in uns aufsteigen – als würde man einen Stein in einen stillen See werfen –, sind die Vorboten einer positiven Entwicklung: Unsere Sensibilität und unsere Fähigkeit, Nähe herzustellen und zu lieben, kehren langsam zurück; alles erwacht zu neuem Leben.

Wir werden außerdem erfahren, daß wir die alten Schutzmechanismen, die wir uns im Laufe der Jahre zugelegt haben, nicht mehr benötigen. All jene, die ihre Mitmenschen durch Kälte und Gefühllosigkeit auf Distanz hielten oder Ironie und Schlagfertigkeit wie ein Schild vor sich hertrugen, werden sich anderen Menschen wieder nahe fühlen können.

Ein weiterer positiver Effekt einer Therapie ist, daß wir unsere Ängste anderen Menschen gegenüber abbauen. Wir lernen, daß andere nicht darauf aus sind, uns zu verletzen oder zu drangsalieren. Genausowenig haben sie gerade uns als Zielscheibe ausgewählt, was die vielen Opfer zwanghafter Liebe annehmen.

In einer erfolgreichen Therapie lernen wir, uns selbst nicht zu streng zu beurteilen und weder uns noch andere für das vergangene Leid verantwortlich zu machen. Wir lernen, die Vergangenheit loszulassen, damit sie nicht länger unser Leben überschattet. Erst wenn wir all unsere Energien einsetzen, um unser Leben positiv zu gestalten, haben wir unsere alten Verletzungen, Kränkungen und Schmerzen wirklich überwunden.

7 Reinkarnation
als mögliche Erklärung

Sind jetzt alle Probleme gelöst?

Zweifellos kann das Trauma einer zwanghaften Liebe mit Hilfe
einer erfolgreichen Therapie oder Beratung gelöst werden. Aber die
Tatsache bleibt bestehen, daß trotz zahlreicher Theorien und intensiver Selbstanalyse bisher niemand zum Kern dieses Phänomens
vorgedrungen ist.

Wie sehr wir uns auch bemühen, es zu definieren und einzugren-
zen, es läßt sich schwer fassen und bleibt rätselhaft. Ein Psychotherapeut, der Selbsthilfegruppen von «Frauen, die zu sehr lieben» be-
treut und Workshops leitet, sagt, daß man zwar Abhängigkeiten
innerhalb einer Beziehung inzwischen recht gut versteht und auf
eine dysfunktionale Kindheit zurückführt, daß sich zwanghafte
Liebe jedoch einem solchen Erklärungsmuster entzieht.

Warum diese/r eine?

Obwohl wir rückblickend einzelne Faktoren in unserer Kindheit be-
nennen können, die unsere Anfälligkeit für diese Obsession erhöht
haben könnten, wie beispielsweise das Gefühl des Andersseins,
bleibt trotzdem die Frage bestehen: Warum gerade dieser spezielle
Mensch? Immerhin sind die meisten Menschen nur auf eine bestimmte Person fixiert, nicht auf mehrere.

Beziehungssüchtige gehen stets Beziehungen mit Menschen ein,
von denen sie glauben, daß sie vor sich selbst gerettet werden müßten. Opfer zwanghafter Liebe hingegen verspüren nicht das Bedürf-

nis, den Gegenstand ihrer Liebe zu «retten». Wir fühlen uns nicht zwangsläufig von Süchtigen, Alkoholikern, Rohlingen, Sexomanen oder anderen «aufregenden» Typen angezogen. Obwohl das Objekt unserer Leidenschaft auf uns aufregend wirkt, liegt das nicht an einem speziellen Suchtverhalten oder einer geheimnisvoll anmutenden Persönlichkeitsstruktur, wie beispielsweise die eines Spielers. Natürlich mögen solche Züge vorhanden sein, aber sie sind nicht der Grund für unsere alles beherrschende Leidenschaft.

Während sich Beziehungssüchtige von einer bestimmten Dysfunktion angezogen fühlen und nicht von dem Menschen selbst, und diesen Menschen lieben, gerade weil er oder sie süchtig oder bedürftig ist, finden wir – die zwanghaft Liebenden – den Menschen oder zumindest das, was wir in ihm sehen, faszinierend. Wer jemals unsterblich verliebt war, weiß, daß es immer «Liebe auf den ersten Blick» ist. Elizabeth Smart beispielsweise verliebte sich in George Barker, als sie zum erstenmal seine Gedichte las. Sie kannte ihn zu diesem Zeitpunkt überhaupt noch nicht – jedoch sobald sie ihm begegnete, war ihre Obsession besiegelt. Sie opferte ihm ihr ganzes Leben.

Ähnlich verhielt es sich mit Kathleen Raine, die sich hoffnungslos in Gavin Maxwell verliebte. Im Fall von zwanghafter Liebe gibt es keine allmähliche Entfaltung oder Steigerung der Gefühle. Alles geschieht zur selben Zeit. Und wir müssen bedenken, daß wir uns in jemanden verlieben, den wir überhaupt nicht kennen. In vielen Fällen verhindert die Intensität unserer Gefühle überhaupt eine nähere Bekanntschaft. Möglicherweise entspricht der oder die andere gar nicht unseren Erwartungen. Daher mag es ratsam sein, Distanz zu wahren.

Das stärkste Gefühl, das im Zusammenhang mit zwanghafter Liebe auftritt, ist die absolute Gewißheit, diesen Menschen bereits zu kennen. Wir haben nie das Gefühl, einem Fremden zu begegnen. Das ist das Seltsame an diesem Phänomen: Stets haben wir das Gefühl, jemanden zu treffen, der uns bereits vertraut ist, und dennoch ist dieser Mensch ein völlig Unbekannter.

Eine Erklärung hierfür könnte sein, daß diejenigen von uns, die anfällig für zwanghafte Liebe sind, bereits eine genaue Vorstellung von der Person haben, in die sie sich gern verlieben würden. Deshalb wird der erste Mensch, der halbwegs diesem Bild entspricht, zum Objekt ihrer Leidenschaft. Ich wollte mich schon immer in einen großen, dunkelhaarigen, gutaussehenden, Byronschen, schurkischen, faszinierenden, selbstbewußten, sexuell erfahrenen, belesenen, unkonventionellen, abenteuerlustigen, intelligenten, rebellischen, weit gereisten, der Oberschicht angehörenden, gebildeten, noch verfügbaren Mann verlieben, jemand, der rauchte und trank und hemmungslos war, lustig und geheimnisvoll zugleich – und John schien diesem Bild zu entsprechen.

Vielleicht wünscht sich jedes junge Mädchen, zumindest insgeheim, einen solchen Mann – schließlich entspricht dieses Wunschbild dem Archetypus des romantischen Helden. Es war mir auch nie in den Sinn gekommen, daß ich vielleicht Eigenschaften in ihn projizierte, die ich selbst gerne besessen hätte.

Aber auch diese Interpretation reicht nicht aus. Sie erklärt nicht, warum es zu solch einer überwältigenden Obsession kommen kann, zu einer so masochistischen, alles beherrschenden Beschäftigung mit dieser Person, einer derartigen Bereitschaft, unerträgliches Leid und Schmerz, Einsamkeit, Sehnsucht und Frustration auf sich zu nehmen.

Ich war schon einmal hier

Und so fragte ich mich, ob es noch eine andere Erklärung für das Gefühl geben könnte, diesen Menschen so gut zu kennen. Vielleicht haben wir ihn in einem früheren Leben gekannt? Kathleen Raine war fest davon überzeugt, daß ihre Liebe für Gavin Maxwell deshalb so plötzlich aufflammte, weil sie in einem früheren Leben einander nahegestanden hatten, vielleicht als Bruder und Schwester. In ihrem Buch *The Lion's Mouth* zieht sie diese Möglichkeit ernsthaft in Erwägung. Gavin Maxwell hingegen weist eine solche Vorstellung weit von sich. Das Bild, das wir durch den Film *Mein Freund, der*

Otter von Kathleen Raine (gespielt von Vivien Merchant) bekommen, ist das einer labilen, neurotischen Frau.

Noch vor ein paar Jahren hätte ich die Möglichkeit eines früheren Lebens als Spinnerei abgetan, als lächerlich und absurd. Es war bestenfalls eine ganz nette, romantische Vorstellung, die sich jedoch nicht beweisen ließ.

Inzwischen gibt es zwar immer noch keine konkreten Beweise, aber die Hinweise häufen sich, daß wir möglicherweise mehr als ein Leben haben; sie lassen sich nicht so leicht von der Hand weisen. Es gibt zahlreiche Beispiele von Menschen, die sich an ein früheres Dasein erinnern. Mögen auch ein paar von ihnen Phantasten oder Scharlatane sein, doch gewiß nicht alle. Es mehren sich Fälle von kleinen Kindern im Alter von zwei oder drei Jahren, die an einem Friedhof vorbeigehen und ihren überraschten Eltern mitteilen, daß sie dort begraben lagen.

Die Lehre von der Reinkarnation reicht sehr weit zurück, ist Bestandteil aller östlichen Religionen und wurde niemals gänzlich widerlegt. Sie ist unmittelbar mit dem Prinzip des Karmas verknüpft (sanskritische Bezeichnung für «Tat»), was sich in dem Sprichwort ausdrückt: Wie du gesät, so wirst du ernten. Wenn wir also jemanden treffen, den wir zu kennen meinen und zu dem wir uns spontan hingezogen fühlen, dann beruht dies höchstwahrscheinlich auf einem früheren Karma, das wir in unserem jetzigen Leben zu vollenden suchen. Ob nun der andere auf uns reagiert oder nicht, er oder sie ist mit uns durch ein früheres gemeinsames Schicksal verbunden.

Alles Unsinn – oder die einzig schlüssige Erklärung?

Gibt es eine Verbindung zu Transsexualismus?

Für mich besteht ein Zuammenhang zwischen zwanghafter Liebe und Transsexualismus, ein Phänomen, bei dem sich Menschen psychisch mit dem entgegengesetzten Geschlecht identifizieren. Auch für Transsexualismus gibt es keine überzeugende Erklärung.

Bisher haben Psychiater versucht, Transsexualismus mit einem abwesenden Vater und einer überängstlichen Mutter zu erklären, oder mit Eltern, die sich sehnlich ein Kind des anderen Geschlechts wünschten. Aber im Zuge weiterer Forschungen stellte man fest, daß dieses Erklärungsmuster nur auf wenige Transsexuelle zutraf: Sie stammten aus den verschiedensten sozialen Milieus, Kulturen und Gesellschaften und verfügten über einen unterschiedlichen Bildungsgrad. Die jüngste Erklärung lautet, daß während der für die Entwicklung des Fötus entscheidenden Phase, in der sich das Geschlecht des Kindes herausbildet, irgend etwas im Gehirn falsch läuft, daß das Gehirn anders «gepolt» wird und somit Körper und Gehirn nicht in Einklang miteinander sind.

Diese These klingt durchaus plausibel – aber zunächst einmal ist sie nur eine Theorie. Untersuchungen von Professor Ian Stevenson von der University of Virginia haben jedoch gezeigt, daß viele Kinder, die ihr Geschlecht nicht annehmen können, in einem früheren Leben dem anderen Geschlecht angehörten – und daß ihr Leben vorzeitig beendet wurde. Transsexualismus zeigt sich schon sehr früh im Leben, lange bevor sich Homosexualität oder Heterosexualität herausbilden.

Es ist gut möglich, daß zwanghafte Liebe dieselben Ursachen hat – daß zwei Menschen, zwischen denen in einem früheren Leben eine Verbindung bestand, nun zusammengekommen sind, um etwas Unerledigtes abzuschließen oder endgültig eine Trennung zu vollziehen.

Auch wenn wir diese Erklärung für schlüssig halten, so spielen andere Faktoren gleichfalls eine Rolle: das Gefühl der Entfremdung, Isolation und Verletzbarkeit, das «Bedürfnis, zu verschmelzen», Kindheitserlebnisse, die dazu führen, daß wir uns «anders» und unserer Familie nicht zugehörig fühlen, unsere sozialisationsbedingten Erwartungen in bezug auf Liebe und Partnerschaft, die Neigung mancher Frauen, sich in ihren Lehrer oder Therapeuten zu verlieben, oder mancher Männer, blutjungen, «reinen» Mädchen zu verfallen.

Was uns jedoch nach wie vor Rätsel aufgibt, ist die Tatsache, daß wir auf einen ganz bestimmten Menschen fixiert sind. Beispielsweise versuchten Charlotte Brontës Biographen, ihre Schwärmerei für Heger damit zu erklären, daß sie in ihrer Kindheit unter der emotionalen Kälte ihres Vaters, dem Tod ihrer Mutter und der Unnahbarkeit ihrer Tante zu leiden hatte, isoliert und abgeschirmt aufwuchs und daß es deshalb nicht verwundert, daß sie sich in den ersten «richtigen» Mann verliebte, der ihr über den Weg lief. Emily jedoch, die in *Sturmhöhe* sehr bewegend eine große Leidenschaft beschrieb und über ähnliche Kindheitserfahrungen wie Charlotte verfügte, verliebte sich keineswegs in Heger – nicht einmal in Männer, die passender oder erreichbarer gewesen wären. Wie läßt sich dieses Phänomen also erklären?

Mit Ausnahme von John war ich noch nie in jemanden unsterblich verliebt, obwohl ich eine Menge Männer kennenlernte, die durchaus an mir interessiert waren, die meiner beruflichen Laufbahn nützlich gewesen wären und eher meine Zuneigung erwidert hätten. Warum also er? Eine Frage, die ich mir bereits als Teenager stellte.

Wenn allein unbewältigte Kindheitsprobleme die Ursache für unser Problem wären, würden wir dann nicht ebenso wie Beziehungssüchtige versuchen, dieses Verhaltensmuster zu wiederholen? Wir würden doch gewiß mehr als einen Menschen finden, in den wir uns unsterblich verlieben könnten – und der seinerseits unsere Gefühle nicht erwiderte? Und doch bleibt es für die meisten von uns bei diesem einen Mal.

Dem klassischen Schema nach verlieben wir uns leidenschaftlich, aber unsere Gefühle werden nicht erwidert; irgendwann scheint unsere Besessenheit abzuklingen, und wir gehen mit einem anderen Menschen eine Beziehung ein, sagen uns, daß wir jetzt glücklich sind und daß uns unsere «große Liebe» sowieso nicht guttat. Und dennoch schwirrt uns dieser Mensch noch immer im Kopf herum, die Erinnerung an ihn oder sie kommt immer wieder einmal hoch, sucht uns aus unerfindlichem Grund immer wieder heim, statt allmählich zu verblassen. Dabei spielt es keine Rolle, ob eine feste Beziehung besteht oder je bestanden hat.

Reise in die Vergangenheit

Wie wahrscheinlich ist es, daß wir einem Menschen, in den wir uns hoffnungslos verliebt haben, bereits in einem früheren Leben begegnet sind?

Sicherlich würde jeder, der an Reinkarnation und Karma glaubt, dies für die einzig plausible Erklärung halten. Die meisten Psychiater und Psychoanalytiker jedoch nehmen dieses Erklärungsmuster nicht ernst. Sie sind ihrerseits bemüht, jede Form von Abhängigkeit auf Kindheitserlebnisse zurückzuführen. Dagegen spricht das spontane Wiedererkennen, dieser schicksalhafte Moment des sich Verliebens – *in diesen speziellen Menschen* –. Das konnte bislang nur unzureichend erklärt werden. Und auch die zahlreichen Dichter und Romanciers, die diese schmerzhafte Erfahrung in aller Ausführlichkeit beschrieben, waren nicht in der Lage, es zu begründen.

Meine eigene Therapie in *Morning Light* schloß eine Reinkarnationssitzung ein, in der ich etwas Licht in das Dunkel meiner seltsamen Besessenheit von John zu bringen versuchte. Veronica Stephenson, die seit fünfzehn Jahren als Regressionstherapeutin arbeitet, ist inzwischen eine überzeugte Anhängerin der Reinkarnationslehre. Sie erzählte: «Es war reiner Zufall. Wir betrachten uns eigentlich als christliches Therapiezentrum, und es lag uns fern, uns mit Seelenwanderung zu beschäftigen. Aber als wir Klienten in ihre Vergangenheit zurückführten, erzählten sie uns Dinge, die sie nicht in ihrem jetzigen Leben erlebt haben konnten.

Das passierte so häufig, daß wir es letztendlich akzeptieren mußten. Inzwischen bieten wir für alle, die es wünschen, eine Reinkarnationssitzung an.»

Veronica hält es durchaus für möglich, daß damals, als ich John in der Schlange in der Mensa zum erstenmal sah, eine Erinnerung an etwas in mir ausgelöst wurde, das sehr weit zurücklag, etwas, das sich nicht allein mit seiner Attraktivität, seinem selbstbewußten Auftreten, seinem eigenwilligen Stil, seiner Ausstrahlung erklären ließ – genausowenig wie mein Wunsch, mich unsterblich, hoffnungslos in ihn zu verlieben. Dieses frühere Leben wurde unter denselben Bedingungen abgerufen, wie sie bei der Regressionstherapie üblich sind. Ich lag da, mit einer Decke zugedeckt, während Veronica neben mir saß und mir Fragen stellte. Die ganze Sitzung wurde auf Band aufgenommen.

Ich stand nicht unter Hypnose, aber im Lauf der Sitzung änderte sich mein Bewußtseinszustand; ich wußte zwar genau, was ich sagte, hatte jedoch keinerlei Einfluß darauf.

All jenen, die Wiedergeburt als völligen Blödsinn abtun und davon überzeugt sind, daß wir während der Therapie nur das sagen, was uns andere suggerieren, und nur unsere Phantasie spielen lassen, möchte ich zu bedenken geben, daß es mir unmöglich war, mir irgend etwas auszudenken. Ich hatte nicht den geringsten Einfluß auf die Worte, die aus meinem Mund kamen.

Als Veronica mich nach meinem Namen fragte, antwortete ich, daß er derselbe sei wie in meinem jetzigen Leben: Elizabeth. Ich stammte aus einer wohlhabenden viktorianischen Familie. Mein einziger Zeitvertreib bestand darin, befreundete Familien zu besuchen und auf einen passenden Heiratskandidaten zu warten. Ich widersetzte mich der Ehe, bis ich Ende Zwanzig war, als ein erheblich älterer Mann mir mit großer Hartnäckigkeit und Hingabe den Hof machte.

Ich liebte ihn nicht, willigte aber schließlich ein, ihn zu heiraten. Unsere Ehe war nicht sehr glücklich. Wir hatten keine Kinder. Nach unserer Hochzeit begann sich mein Mann zu verändern; er wurde sauertöpfisch, humorlos und griesgrämig.

Ich sehnte mich nach romantischer Liebe, und schließlich erschien ein junger Mann auf der Bildfläche. Die Details blieben verschwommen, aber offenbar hatten wir eine leidenschaftliche, keinesfalls nur platonische Beziehung. Da in der damaligen Zeit eine Scheidung oder Trennung unmöglich war, mußten wir unser Verhältnis streng geheimhalten.

Mein Liebhaber war erheblich jünger als ich, erst dreiundzwanzig, als wir uns kennenlernten. Ich beschrieb ihn Veronica als mitreißenden, humorvollen Menschen. Im Gegensatz zu meinem ältlichen Ehemann brachte er eine Seite in mir zum Vorschein, von der ich nie geglaubt hätte, daß ich sie besaß: Fröhlichkeit. Ich weiß noch, daß ich, als ich mein damaliges Leben beschrieb, dachte, daß es sich ganz nach George Eliots *Middlemarch* anhörte, einer meiner Lieblingsromane, und daß ich mich fragte, ob ich womöglich nur den Roman nacherzählte.

Obwohl es sich nicht genau sagen läßt, hatte die Affäre mit meinem jugendlichen Liebhaber letztendlich eine positive Wirkung auf mich.

Mein ältlicher, verknöcherter Ehemann segnete zwar nicht wie erhofft das Zeitliche – wie Mr. Causabon in *Middlemarch*, der es dadurch Dorothea ermöglichte, ihren jungen Liebhaber Will Ladislaw zu heiraten –, er trat aber im Laufe der Jahre immer mehr in den Hintergrund.

Da es für unsere Beziehung keine Zukunft gab, verließ mich mein Liebhaber schließlich, heiratete und gründete eine Familie. Ich hatte mich mit diesem jungen Mann frei gefühlt, konnte ganz ich selbst sein. Er war, sagte ich, wie eine frische Brise, und in seiner Gegenwart konnte ich frei atmen.

Das Wunderbare an diesem Verhältnis war, so erzählte ich, daß wir in allen Bereichen übereinstimmten und wie füreinander geschaffen zu sein schienen. Unsere körperliche Beziehung war wunderschön, aber vor allem konnten wir miteinander lachen.

Nachdem mein Liebhaber aus meinem Leben verschwunden war, schien mir das Gefühl von Freiheit, das ich mit ihm empfunden hatte, zahlreiche Möglichkeiten zu eröffnen, und so wurde ich bald zu einer wichtigen Persönlichkeit in unserer Gemeinde. Ich schrieb Bücher und machte mir einen Namen, obwohl die genauen Umstände unklar blieben.

Die Sitzung endete damit, daß ich ein hohes Alter erreichte und meinen Tod beschrieb, der mir keine Angst bereitete, sondern im Gegenteil aus einem langen dunklen Tunnel ins Licht führte.

Erklärung

Ich persönlich konnte keinen Zusammenhang erkennen zwischen diesem eher uninteressanten vorherigen Leben und meinem gegenwärtigen – oder meiner zwanghaften Verliebtheit. Veronica bot mir folgende Erklärung an: Es schien zwar keine direkte Verbindung zu bestehen, aber mein Freiheitsgefühl sei ein eindeutiger Beweis.

Zunächst, sagte sie, hätte mich John auf irgendeine Weise an meinen älteren Mann erinnert, ich hätte diesen Gedanken dann aber wieder verworfen. Es schien weit wahrscheinlicher, daß er Ähnlichkeit mit dem jungen Mann hatte, mit dem ich eine so leidenschaftliche Liebesbeziehung gehabt hätte, die jedoch aufgrund der damaligen Umstände zum Scheitern verurteilt gewesen war. Dieser junge Mann bewirkte, daß ich aufblühte und mich zu einem lebendigen, fröhlichen Menschen entwickelte, als ich mich eingeengt und innerlich wie tot gefühlt hatte. Er öffnete eine Tür, und von da an war nichts mehr wie zuvor.

«Dieses auflodernde Gefühl, das Sie plötzlich durchfuhr, als Sie John sahen», sagte sie, «war möglicherweise spontane Wiedersehensfreude, das Gefühl, daß er Ihnen ‹Türen öffnen› und es zu einer einzigartigen Beziehung kommen würde.»

Ich blieb skeptisch. Wie sollte mich John befreit haben, wenn mir unsere Beziehung nichts als Schmerz und Verzweiflung bereitet hatte und sich gänzlich von der berauschenden Liebesaffäre meines vorherigen Lebens unterschied?

Veronica sagte: «Mir kommt es so vor, als hätte John in Ihrem jetzigen Leben als eine Art Katalysator fungiert, der es Ihnen ermöglichte, Ihre Vergangenheit, sprich Ihre Kindheit, endgültig hinter sich zu lassen.

In Ihrer Kindheit konnten Sie nie Sie selbst sein. In Ihrer Familie fühlten Sie sich ungeliebt – ebenso erging es Ihnen mit ihm. Nachdem die Affäre mit John beendet war, gab es etwas in Ihrem Leben, das es zu bewältigen galt, eine Art Lebensinhalt, ein Ziel, das Sie trotz aller Rückschläge und Enttäuschungen niemals aus den Augen verloren.»

Das leuchtete mir ein. Es stimmte, daß ich als Kind meine Bedürfnisse nie hatte ausleben dürfen und mich in der «ehrbaren», aber ungebildeten und lieblosen Arbeiterfamilie immer wie ein untergeschobenes Kind gefühlt hatte. Aus diesem Grund wollte ich mich unbedingt zu einer intellektuellen und interessanten Persönlichkeit entwickeln und nach außen hin kühl und distanziert wirken, damit mich nichts mehr verletzen konnte. Auf der Universität gab ich mich weit belesener, weitgereister, informierter, als ich es tatsächlich war. Dieses fragile Ichgefühl sollte nicht lange nach meiner Begegnung mit John in seinen Grundfesten erschüttert werden.

In seiner Gegenwart konnte ich überhaupt nicht ich selbst sein – was immer mein «Ich» gewesen sein mochte. Aber nicht lange nach der Affäre mit John lernte ich Neville kennen. Mit ihm zusammen konnte ich völlig entspannt sein. Bei ihm hatte ich nicht das Gefühl, irgendeine Rolle spielen oder irgend etwas vortäuschen zu müssen, das ich nicht war. Unsere Beziehung war von Anfang an harmonisch.

Eigentlich ist es fatal, daß ich mich so unsterblich in John verliebte, mit dem mich rein gar nichts verband (wenngleich ein späteres Treffen sehr einträchtig verlief) und daß ich, obwohl ich mich von Anfang an mit Neville prächtig verstand, nie in ihn verliebt war, niemals verzehrende Leidenschaft für ihn empfand.

«Ihre Beziehung zu John», fuhr Veronica fort, «stürzte Sie in einen Abgrund der Verzweiflung, Depression und des Elends, aus dem Sie jedoch gestärkt hervorgingen. Wäre John so liebevoll und zärtlich gewesen, wie Sie es sich gewünscht hätten, hätten Sie vielleicht nie die Kraft aufgebracht, ein selbständiger und erfolgreicher Mensch zu werden.

Sie hatten den Eindruck, daß sein Verhalten Ihnen gegenüber ungerecht und gemein war. Das Leid aber, das Sie erfahren haben, hat Sie dazu befähigt, Ihre alte Haut abzustreifen, und sich von einer Larve in einen Schmetterling zu verwandeln. Diese unglückliche Beziehung und ihre Auswirkungen verhalfen Ihnen dazu, Züge an sich zu entdecken, die sonst nie zum Vorschein gekommen wären.

Wenn es zu einer richtigen Beziehung gekommen wäre, dann hätten Sie möglicherweise immer im Schatten seiner starken, faszinierenden Persönlichkeit gestanden. Sie hätten sich ihm nie ebenbürtig gefühlt und sich niemals zu einer eigenständigen Person entwickelt. Sie wären weiterhin das ‹kleine Mädchen› voller Selbstzweifel geblieben.

Während der Zeit mit John verloren Sie für eine Weile Ihre Identität, und der Schock des Wiedererkennens beeinträchtigte Ihr Wahrnehmungsvermögen. Aber Sie besaßen eine starke Erinnerung an etwas sehr Positives in Ihrer Vergangenheit, und darauf sprachen Sie an.»

Aber warum reagierte John nicht auf mich, wenn unsere Gefühle in einem früheren Leben auf Gegenseitigkeit beruht hatten?

Veronica sagte: «Die Seele steckte nun in einer anderen Hülle. Ihre Seele erkannte seine wieder, und die Erinnerung war der Auslöser.

Ich glaube, daß jedes neue Leben Möglichkeiten zu persönlichem Wachstum bietet. Wenn jede leidenschaftliche Beziehung wieder dort anknüpfte, wo sie in einem früheren Leben unterbrochen wurde, dann würde sich das lähmend auf unsere weitere Entwicklung auswirken.

Wir sollten versuchen, unsere Erfahrungen mit einem gewissen Abstand zu betrachten und daraus zu lernen. Ihre vermeintlich negative Erfahrung hat sich als überaus positiv entpuppt. Bis vor kurzem konnten Sie die Erinnerung an ihn nicht aus Ihrem Gedächtnis löschen. Sie kam immer wieder hoch. Inzwischen sind Sie dieser Erinnerung nicht mehr hilflos ausgeliefert. Sie haben sich ein für allemal von ihr befreit.

Sie stehen nicht länger im Bann einer starken Persönlichkeit. Obwohl John Ihnen eine Zeitlang all Ihre Kraft entzog, haben Sie sie zurückgewonnen und damit den Knoten gelöst.»

Ich fragte Veronica, was sie damit meinte, daß John mir meine Kraft entzogen hätte.

«Wenn man von einer Obsession überwältigt wird», erwiderte sie, «glaubt man, keine Kontrolle mehr über sein Handeln oder seine Gedanken zu haben. Es scheint, als hätte uns der andere völlig in seiner Gewalt und als hätten wir die Fähigkeit zu denken und rational zu handeln verloren. Die Überwindung einer Obsession erfordert, daß wir die Kontrolle über uns zurückgewinnen.»

Sie fuhr fort: «Hätte sich die glückliche Erfahrung eines früheren Lebens wiederholt, dann hätte sich dies vielleicht in Ihrem jetzigen Leben nicht so positiv ausgewirkt. Sie würden in Erinnerungen schwelgen, statt etwas Neues zu erleben.»

Veronica zufolge zeigt meine extreme Reaktion auf Johns Gegenwart und Ausstrahlung, daß ich von starken Energien aus einem früheren Dasein angetrieben wurde. Eines ist gewiß, ich habe noch nie in meinem Leben ein so intensives Gefühl erlebt. Ich war vollkommen davon beherrscht, außerstande, irgend etwas dagegen zu tun oder es zu kontrollieren.

Erinnerungen sind laut Veronica Energien, die sehr stark sein können. «Jetzt sind Sie nicht mehr in Ihrer Vergangenheit gefangen und können endlich loslassen. Sie hat keinerlei Macht mehr über Sie.»

Auswertung

Eine plausible Erklärung – oder nur Humbug? Das hängt ganz von Ihrem Standpunkt ab. Diejenigen, die der Reinkarnationslehre kritisch gegenüberstehen, werden ihr mangelnde Beweiskraft vorwerfen.

Wer kann schon mit Sicherheit sagen, daß der junge Mann tatsächlich John war? Wie kann ich sicher sein, daß ich mein eigenes vergangenes Leben beschrieb und nicht ein klassisches viktorianisches Schicksal? Natürlich gibt es keine Gewißheit. Möglicherweise habe ich nur in den Tiefen meiner Phantasie oder meines Gedächtnisses herumgestöbert – es gibt keinerlei Beweise dafür, daß ich ein vergangenes Leben lebendig werden ließ.

Andererseits leuchtet diese Erklärung ein. Veronica Stephenson fragt: «Wie kann es sein, daß Sie sich in einen Mann verlieben, den

Sie nicht kennen und nie zuvor gesehen haben – es sei denn, Sie sind ihm früher schon einmal begegnet?» Und es stimmt auch, daß ich nach diesem Erlebnis beschlossen hatte, niemals mehr so tief zu fallen, mich niemals mehr so gehenzulassen. Ich fühlte mich befreit, zuversichtlich, hatte das Gefühl, aus dem Dunkel meiner Obsession ans Licht zu kommen.

Natürlich könnte sich Veronica dies alles im nachhinein zusammengereimt haben – schließlich lagen bereits einige Therapiesitzungen hinter uns, als wir zur Reinkarnationsstunde kamen, einschließlich eines einführenden Gesprächs, und so kannte sie mich inzwischen recht gut. Sie hatte vielleicht einfach nur logisch kombiniert und eine positive Erklärung für das Geschehene gefunden.

Und warum scheint immer nur einer von beiden zu spüren, daß in einem früheren Leben eine Begegnung stattgefunden hat?

Veronica meint, daß bei jeder neuen Reinkarnation die Seele in einer anderen Hülle steckt. Jeder von uns muß seine Lektion lernen, das Karma jedes einzelnen ist anders, und deshalb wiederholen sich Erfahrungen auch nicht. Möglicherweise mußte ich in meinem jetzigen Leben etwas aus der Begegnung mit John lernen, er brauchte jedoch keine entsprechende Erfahrung mit mir zu machen ...

Es ist auch möglich, daß Angst einer Wechselseitigkeit im Wege steht. Als er mich wiedertraf, gab John zu, daß unsere erste Begegnung schmerzvoll und traumatisch für ihn gewesen war. Es war bezeichnend, daß er sich anfangs, als ich mich mit ihm in Verbindung gesetzt hatte, nicht an mich erinnern konnte, daß aber seine Exfrau, eine Frau, die ich nie getroffen und mit der ich nie ein Wort gewechselt hatte, genau wußte, wer ich war.

John hingegen konnte sich noch ganz genau an meinen Exmann erinnern – ebenfalls jemand, mit dem er nie gesprochen oder einen Meinungsaustausch gehabt hatte. Warum sollte er sich daran erinnern, wenn ihn andererseits sein Gedächtnis bei einer Frau im Stich ließ, die ihn monatelang verfolgt und ihm aufgelauert hatte und die er entjungfert hatte? Die Antwort könnte sein, daß vielleicht auch er etwas Schmerzhaftes verdrängte.

Wer kennt schon die Wahrheit? Ich jedoch erhielt wertvolle Einsichten. Wenn wir auf der Welt sind, um etwas zu lernen und uns immer weiter zu vervollkommnen – wie viele religiöse Menschen glauben – und wir an schmerzlichen Erfahrungen wachsen können, dann erscheint die Vorstellung von einem vorangegangenen Leben gar nicht so abwegig.

Es erscheint mir unwahrscheinlich, daß etwas so Beherrschendes wie zwanghafte Liebe ganz dem Zufall überlassen sein sollte. Nach dem Glaubenssatz des Karmas treffen wir deshalb einen Menschen wieder – auch wenn er möglicherweise jetzt in einem anderen Verhältnis zu uns steht oder dem entgegengesetzten Geschlecht angehört –, weil es eine unerledigte Sache zu klären gilt, wir noch weitere Lehren aus dieser Beziehung ziehen müssen oder weil ein Karma vollendet werden muß. Aber wir wiederholen nicht das, was uns in einem früheren Dasein widerfuhr. In diesem Leben sind die Karten anders verteilt – ein Grund dafür, warum Beziehungen so oft einseitig sind.

Jeder Partner hat sein eigenes Karma. Und wenn in einem vorherigen Leben Probleme offenblieben, so erhalten wir in einem anderen Leben Gelegenheit, sie zu lösen.

Nach der alten Lehre kann ein Karma entweder gut, böse oder neutral sein. Wenn wir jemanden in einem früheren Leben schlecht behandelt haben, dann haben wir ein böses Karma in Gang gesetzt, das uns unweigerlich irgendwann einholen wird. Wenn mir also John in diesem Leben Leid zufügt (oder ich es so empfinde, was auf dasselbe hinausläuft), so bedeutet das, daß ich ihm in einem früheren Leben irgend etwas antat, für das ich jetzt bezahlen muß.

Demzufolge löste John durch sein Verhalten mir gegenüber irgendein Karma aus, für das er irgendwann geradestehen muß. Möglicherweise hatten John und ich ein gemeinsames Karma und brauchten damals einander, um eine lehrreiche Erfahrung zu machen.

Die Tatsache, daß er nicht so auf mich reagierte, wie ich es mir wünschte, bedeutet nicht, daß uns kein Karma verband. Ganz offensichtlich gab es irgend etwas an ihm, das mich auf diese zwanghafte Weise reagieren ließ. Seine Reaktion würde sich demnach auf sein zukünftiges Karma auswirken.

Wenn ein Karma gut war, kann man davon ausgehen, daß die Sache abgeschlossen ist und es zu keiner weiteren Begegnung zwischen den Beteiligten mehr kommen wird. Ein neutrales Karma ist weder gut noch schlecht und hat keinerlei Auswirkungen – wie Urlaubsbekanntschaften, mit denen wir uns eine Weile gut verstehen, sie dann aber nie wiedersehen.

Diejenigen, die an Wiedergeburt glauben, würden die Umstände, die schließlich zu meinem Treffen mit John führten, nicht für rein zufällig halten, sondern auf eine Verkettung von Begebenheiten zur Erfüllung unseres gemeinsamen Karmas zurückführen. Wie sonst ist es zu erklären, daß er sich gerade, als ich ihn so dringend brauchte, in Großbritannien aufhielt, obwohl er doch im Fernen Osten lebte? War es einfach Glück, daß wir zu dem Zeitpunkt unseres Wiedersehens beide geschieden waren und uns problemlos treffen und miteinander reden konnten? Mit besitzergreifenden Partnern im Hintergrund wäre es sicher schwieriger gewesen.

Ich kenne die Antworten auf all diese Fragen nicht – ich kann nur Vermutungen anstellen. Aber eines ist gewiß: Seit ich mein Problem gelöst habe, fühle ich mich befreit.

Nach der Wiedergeburts-Theorie erschien John in dem Moment auf der Bildfläche, als ich zu einer wichtigen, vielleicht schmerzhaften Erkenntnis über mich selbst gelangen mußte. Weil ich meine Lektion unter Schmerzen lernte, mußte ich sie nicht wiederholen – ich verliebte mich kein zweites Mal so unsterblich.

Ich ging aus dieser Erfahrung gestärkt hervor. Endlich konnte ich mit meinem Leben fortfahren. Und obwohl die Überlebensstrategie, mich nicht zu sehr auf einen anderen Menschen einzulassen, sich während all der Jahre als hilfreich erwiesen hatte, war ich nun an dem Punkt angelangt, wo sie mir im Weg stand und mich daran hinderte, weitere Fortschritte zu machen. Also mußte ich mich damit konfrontieren. Die Gespenster aus der Vergangenheit tauchten wieder auf und würden nicht eher verschwinden, bis ich mich mit ihnen auseinandergesetzt hatte.

«Manchmal», sagte Veronica Stephenson, «müssen wir erst schwerstes Leid erfahren, um über uns selbst hinauszuwachsen. Ihre Vorstellungen von sich selbst, Ihr Ichgefühl, alles war erschüttert, nachdem Sie John kennengelernt hatten. Aber Sie haben die Krise überwunden und sich zu einer reifen Persönlichkeit entwikkelt.»

Meiner Ansicht nach ist, was die Wiedergeburts-These angeht, noch nicht das letzte Wort gesprochen. Sie besticht durch eine gewisse Logik und Plausibilität, die anderen Erklärungsmustern fehlt. Dadurch wird sie nicht zwangsläufig wahr, aber sie stellt auch nicht andere Ansätze und Theorien, die das Phänomen der zwanghaften Liebe erklären, in Frage. Für mich ergänzt sie die übrigen Ansätze, und dadurch schließt sich der Kreis.

Schlußbemerkung

Jeder von uns macht seine eigenen Erfahrungen mit zwanghafter Liebe. Dabei spielt Bedürftigkeit eine zentrale Rolle. Wir scheinen den anderen unbedingt zu brauchen. Und obwohl zwanghafte Liebe keine echte Liebe ist, hat sie viel gemein mit ihr: Wir sehnen uns danach, mit dem geliebten Menschen zusammenzusein, eine wundervolle Beziehung zu erleben; wir sind von der Gewißheit erfüllt, daß er oder sie der wichtigste Mensch in unserem Leben ist.

Ein russisches Sprichwort sagt, daß es besser ist, zu leiden und zu lieben, als ungeliebt auf der Welt zu leben. Und ich denke, wenn man jemanden fragt, der unglücklich verliebt war, ob er lieber auf diese Erfahrung verzichtet hätte, würde er verneinen. Es ist eine sehr intensive, dramatische Erfahrung, selbst wenn sie die meiste Zeit über qualvoll ist. Und natürlich gab es für uns, die wir so leidenschaftlich liebten, auch einige wundervolle Momente.

Dennoch würden die meisten von uns diese Erfahrung nicht wiederholen wollen. Würde die menschliche Natur das überhaupt ertragen? Und obwohl zwanghafte Liebe zu 99 Prozent Schmerz und Leid bedeutet, erfahren wir auch Augenblicke höchsten Glücks, wie man sie wahrscheinlich kein zweites Mal erleben wird.

Sicherlich ist diese Erfahrung nicht nur negativ. Wir haben erlebt, daß wir in Gegenwart der geliebten Person aufblühten, allein beim Anblick oder dem bloßen Gedanken an diese Person wie berauscht waren, daß sich Verzweiflung in Euphorie verwandelte, sobald es auch nur einen Funken Hoffnung auf Gegenseitigkeit gab. Für die, die sich unsterblich verliebt haben, ist das Leben mit Sicherheit keine profane Angelegenheit – sie schweben in höheren oder zumindest anderen Sphären.

Zugegeben, zwanghafte Liebe ist anstrengend, traumatisch, ein Schock für unseren Organismus – aber zugleich auch sehr aufregend und spannend. Nicht das traumatische Erlebnis an sich ist schädlich, sondern unsere Reaktion darauf und die Angst, niemals darüber hinwegzukommen. Wenn unsere übersteigerte Liebe in Haß umschlägt – weil unsere Gefühle nicht erwidert werden – und wenn Gefühle der Feindseligkeit und Ablehnung, gepaart mit Schuld und Scham, jahrelang in unserem Organismus gären, dann sollten wir etwas unternehmen. Wenn es uns gelingt, den zwanghaften Charakter unserer Liebe zu erkennen, können diese Gefühle freigesetzt und aufgelöst werden, so daß sie nicht länger unsere Gegenwart und Zukunft beeinflussen.

Wir entscheiden uns nicht aus freiem Willen dazu, uns unglücklich zu verlieben. Aber wir können verhindern, daß dieses Erlebnis unsere Fähigkeit zu echter Liebe beeinträchtigt. Wir können die Bande, die uns einst so sehr fesselten, durchtrennen, uns von den letzten Spuren einer ungesunden Fixierung befreien und der Zukunft mit Zuversicht und dem Vertrauen in uns und unsere Kraft entgegensehen.

Danksagung

Dieses Buch konnte mit der hilfreichen und freundlichen Unterstützung vieler Menschen geschrieben werden. Neben meiner Therapeutin Veronica Stephenson, der ich aus Dank für ihre fachmännische Hilfe dieses Buch widme, möchte ich auch der Psychotherapeutin Vera Diamond und dem Anthropologen Branko Bokun danken.

Dr. Penny Allan, Annie Halliday, mein Exmann Neville Hodgkinson und Ken Umpleby sind Freunde, die mich ebenfalls hilfreich unterstützten. Dank gebührt auch all denen, deren eigene Erlebnisse mit zwanghafter Liebe halfen, Licht auf dieses merkwürdige und zerstörerische Phänomen zu werfen.

Auch möchte ich John, dem «Opfer» meiner zwanghaften Liebe, für seine Toleranz und Weisheit danken, wie für sein Verständnis für eine schwierige Situation.

Lektürehinweise

Brennan, J. H.: *Astralprojektion. Anleitung zu außerkörperlichen Erfahrungen.* Dt. v. Helmut Degner. Freiburg: Hermann Bauer KG 1991

Hodgkinson, Liz: *Die Alexander-Technik.* München: Heyne 1992

Hodgkinson, Liz: *Sex ist nicht das Wichtigste. Anders lieben – anders leben.* Dt. v. Silvia Kuttny. München: Knaur 1987

Lidell, Lucy: *Die neue Schule der Sinnlichkeit. Sanfte Körpererfahrung durch Massage und Meditationen.* München: Mosaik 1988

Markham, Ursula: *Visualisieren.* Dt. v. Th. Kierdorf & H. Höhr. Braunschweig: Aurum 1992

Maxwell, Gavin: *Im Spiel des hellen Wassers. Allein mit meinen Tieren an Schottlands Küste.* Dt. v. H. Hummerich & H. Weber. Berlin: Ullstein 1962

Miller, Alice: *Der gemiedene Schlüssel.* Frankfurt: Suhrkamp 1991

Peck, M. Scott: *Der wunderbare Weg. Eine neue Psychologie der Liebe und des spirituellen Wachstums.* München: Goldmann 1991

Person, Ethel Spector: *Lust auf Liebe. Die Wiederentdeckung des romantischen Gefühls.* Dt. v. C. Holfelder von der Tann. Reinbek: Rowohlt 1992

Rutter, Dr. Peter: *Verbotene Nähe. Wie Männer mit Macht das Vertrauen der Frauen mißbrauchen.* Düsseldorf: Econ 1991

Woolger, Dr. Roger: *Die vielen Leben der Seele. Wiedererinnerung in der therapeutischen Arbeit.* Dt. v. C. v. Quatmann. München: Hugendubel 1992

zu zweit

«Die Liebe hat nun einmal dieses Übel, daß Krieg und Frieden immer wechseln.»
Horaz, Satiren

Lonnie Barbach
Mehr Lust *Gemeinsame Freude an der Liebe*
(rororo sachbuch 8721)

Cheryl Benard / Edit Schlaffer
Männer *Eine Gebrauchsanweisung für Frauen*
(rororo sachbuch 8820)
Im Dschungel der Gefühle *Expedition in die Niederungen der Leidenschaft*
(rororo sachbuch 8783)

Barbara Gordon
Jennifer-Fieber *Der Männertraum vom jungen Glück*
(rororo sachbuch 9159)

Marty Klein
Über Sex reden *Heimliche Wünsche, verschwiegene Ängste*
(rororo sachbuch 8824)

Suzan Lewis / Cary L. Cooper
Karriere Paare *Mehr Zeit für uns*
(rororo sachbuch 8858)

Tina Tessina
In guten wie in schlechten Tagen
Anregungen für homosexuelle Paare
(rororo sachbuch 8782)
Dieses einfühlsame Buch trägt den besonderen Möglichkeiten und Problemen homosexueller wie lesbischer Beziehungen Rechnung und gibt praktische Anregungen vom ersten Flirt bis zur Goldenen Hochzeit.

Diane Vaughan
Wenn Liebe keine Zukunft hat
Stationen und Strategien der Trennung
(rororo sachbuch 8818)

Judith Sills
Liebe nach dem ersten Blick
Handbuch für Romantiker
(rororo sachbuch 9134)
«Dies ist kein Buch über hoffnungslos unglückliche Beziehungen, sondern eines über potentiell glückliche.»

Ethel S. Pearson
Lust auf Liebe *Die Wiederentdeckung des romantischen Gefühls*
(rororo sachbuch 9304)

Béatrice Hecht-El Minshawi
Zwei Welten, eine Liebe *Leben mit Partnern aus anderen Kulturen*
(rororo sachbuch 9141)

Das gesamte Programm der Taschenbuchreihe «zu zweit» finden Sie in der Rowohlt Revue. Jedes Vierteljahr neu. Kostenlos in Ihrer Buchhandlung.

rororo sachbuch